送暖人間

溫暖人間小故事選

李焯芬 著

中華書局

U0103447

序

寬運法師

我與李焯芬教授相識二十餘載，在我眼中，李教授不單是香港教育界、佛教界無人不曉的大師級人物，更是一位有求必應、睿智博聞的學者，尤以「小故事、大啟示」的佛教小文啟迪大眾，廣受歡迎。

多年來，李教授為《溫暖人間》的「生活點滴」專欄撰寫佛學小故事，將其自身體會的佛教智慧融入現實生活，給人帶來啓迪。如今點點滴滴已匯聚成潺潺小溪，準備結集出版。

說起「生活點滴」，我不禁想起「滴水和尚」的悟道因緣。滴水和尚的師父儀山禪師教導他，世間上任何事物都有其用處，即使一滴水也有其價值妙用。他聽後若有所悟，遂將法名改為「滴水」。

滴水和尚後來更把「心」和「滴水」融在一起。這是告知我們，如果我們也能用心從一滴水中覺悟無上的妙法，便一定會珍惜眼前點點滴滴的因緣。那麼，即使是嚴寒隆冬，滴水成冰，也終究會春暖花開，融冰為水，或再觀到滴水可以穿石的堅毅持久耐力，達到李教授從「生活點滴」匯聚豐盛人生，自利利他，自覺覺他，「送暖人間」的菩薩情懷，故樂為序。

寬運

二〇二二年五月

目錄

意轉天地開

取捨惟善念

送暖人世間

養心如養花

養心如養花

有位非常虔誠的信徒，每天總是從自己的後園裏採摘鮮花到寺院供佛。日復一日，年復一年，得到了不少師兄師姐的讚嘆。

一天，她正打算把鮮花放在佛殿時，正好遇到禪師從法堂出來。禪師向信徒問好，並感謝她長期以來以香花敬佛。信徒歡喜地回答：「我每次來寺院禮佛時，總覺得心靈得到了一次洗滌一樣，感到無上的清涼。可是奇怪得很，每次回到家後，就容易變得心煩意亂。請問師父，究竟應該怎樣才能在煩囂的塵世中保持一顆清淨的心呢？」

禪師微微一笑，問她：「你家種了那麼多花，請問你是怎樣保養鮮花，讓它保持新鮮的？」

信徒回答：「保持花朵新鮮的方法很簡單。不過就是每天換水，並且在換水的時候把多餘的花梗剪去一截，因為花梗的一端在水中浸泡得太久會容易腐爛；而腐爛之後，水份便不容易吸收了。所以要想保持鮮花新鮮，必須這樣做，不然很快就會凋謝。」

禪師聽罷笑道：「是啊！要保持一顆清淨的心，其道理亦是一樣。我們生活周圍的環境像花瓶裏的水，而我們就是瓶中的花。養花需要不斷地換水和修剪枝葉，才能使鮮花保持新鮮。我們養心亦如是，需要每天自我洗滌，把五戒十善中提及的各種不適宜做或不應做的事，下決心把它們洗掉、剪除，以免它們阻礙了我們吸納源頭活水，與及活水中的慈悲智慧養份。這和你每天換水和修剪枝葉是同一個道理。這樣，在日常生活中，我們就不會被煩惱所困擾。心中自然會感到輕安自在，無上清涼。」

信徒聽了，心頭一亮，連忙合十道：「非常感謝禪師的開示，實在大有啟發，獲益良多。我也希望以後能來寺院中過一段禪者的生活，享受晨鐘暮鼓、菩提梵唱的寧靜。」

禪師笑道：「如果大家養心能如你養花那樣，又何需刻意去尋找晨鐘暮鼓、菩提梵唱呢？你的內心就是一片無心清涼的聖境啊！」

共享之美

禪師在院子裏種了幾株菊花，不時細心培育。第三年的秋天，院子變成了菊花園，花香撲鼻，一直傳到了周邊的村子裏。凡是來寺參學的信眾都忍不住讚嘆：「好美的菊花啊！」

一天，有人開口向禪師要一株菊花，希望移植到自己的院子裏。禪師欣然應允，並親自動手挑選開得最美、枝葉最茂盛的幾株，連根拔起來送到那位村民的家裏。

消息很快傳開了，前來要花的人接連不斷。禪師總是微笑着一一應允。沒有多久，寺院裏的菊花絕大部分都被送走了，只留下寥落的幾株。

那年秋天的一個黃昏，沒有了菊花的院子顯得頗寂寞而荒涼。

小沙彌不禁嘆息：「真可惜！秋天本來應是滿院菊香的。」

禪師笑着說：「現在豈不是更好？三年後，可能會變成滿村菊香呢。」

「滿村菊香？」小沙彌頓時心頭一熱，望着禪師，只見他臉上的笑容比開得最美的菊花還要燦爛。

禪師解釋說：「一件好東西，與別人分享後，就會變成兩件、三件，無數件。我們應該把美好的東西與別人一起共享，讓每一個人都感受到這種快樂。這時候，我們自己也會感受到真真正正的快樂。」

果然不出禪師所料，三年後的秋天，村莊裏每一戶人家種的菊花都同時綻放，滿村菊香。自此以後，村子每年秋天舉行菊花節，遠近有不少遊客慕名來賞菊。村民們亦參照禪師的分享智慧，把菊花贈與愛花惜花的一眾來賓，村子成了當地著名的菊鄉。

人生的追求

有位企業管理的專家顧問（management consultant）到海濱度假，傍晚信步走過一個小漁村的碼頭，看到一位漁夫正划着一艘小船靠岸。小船上有好幾尾石斑魚。企管顧問閒來無事，就跟漁夫聊了起來，問他日子過得好不好。

漁夫說：「我每天出海捕幾條魚，賣掉後回家跟孩子們玩一會兒，或在樹蔭下睡個午覺，黃昏時和老朋友們到村子裏喝點啤酒聊天，日子過得還不錯。」

企管顧問聽了有點不以爲然，忍不住幫他出主意：「我是哈佛大學的MBA，可向你提些專業意見。你應該每天多捕一些魚，這樣你就會有錢去買一艘較大的船；那就可以捕到更多的魚，然後就可以買更多的漁船，擁有自己的船隊。到時候你就不必把魚賣給魚市場，可以自己開一家罐頭加工廠，還可以進一步控制整個生產和營銷的業務。接着，你可以搬到大城市去，不斷擴充你的企業，上市賺大錢！」

漁夫聽罷，問：「這過程需要多少時間才能完成？」

企管顧問回答：「估計十五至二十年吧。」

漁夫又問：「然後呢？」

企管顧問笑着說：「然後你就可以退休，回家享清福啦！你可以搬到海邊住，過稱意的生活，好好享受人生。」

漁夫想了一想，不無疑惑地問：「那我現在不就是這樣過日子嗎？」

每個人都有自己的人生目標和追求。有人爲財富、名譽、地位而拚搏一生；也有人選擇享受較恬靜，較自由自在的人生。你喜歡哪一種稱意的生活呢？

活好今天

一位年青人到寺院參學，向禪師請教一個問題：「請問師父，你認為生命中的哪一天最重要？是出生之日？還是辭世之日？是出家那一天？還是升座為方丈那一天？」

「都不是，生命中最重要的是今天。」禪師微微笑着回答。

「為什麼？」年青人頗為好奇地追問：「今天似乎並沒有什麼驚天動地的大新聞啊。」

禪師續說：「是的，今天的確沒有什麼大事發生。」

年青人不解地問：「那今天之所以重要，是不是因為我的來訪？」

禪師回答說：「即使今天完全沒有訪客，今天仍然是最重要的，因為今天是我們擁有的唯一財富。昨天不論多麼精彩，多麼值得回憶和懷念，它都已經像沉船一樣沉入海底了。而明天不論多麼燦爛，它都還沒有到來。唯有今天不論多麼平常，多麼暗淡無光，但是它在我們的手中，可以由我們自己去支配。真正屬於我們的永遠只有今天。關鍵是自己如何好好地活好今天，做好每一件今天應該做的事，享受好今天的每一段美好時光。那末，日日就是好日，年年就是好年。我們的一生，也會因為每一個今天的精彩，而變得更精彩和更有意義。」

年青人若有所思地點了點頭。是啊，過去的已過去了；明天總有些未知數。跟前可以掌握的，就是今天。活在當下，就是善用好每一個當下，活好每一個今天。

工作與樂趣

多年前因事曾到過美國的西雅圖。某日午膳後，當地朋友帶我去參觀一個鄰近的魚市場。

記得那天下着毛毛雨。進入魚市場後，並沒有聞到刺鼻的魚腥味，迎面而來的竟是魚市場工友們的笑容和笑聲。他們有點像訓練有素的美國棒球隊，把冰凍的魚像棒球一樣抛傳給隊友寄運。魚在空中飛來飛去，大家互相唱和：「唏！五條鱈魚飛到三藩市了！」「八隻螃蟹飛到波士頓啦！」他們一邊工作，一邊饒有興緻地彼此唱和着、歡笑着。

我問身邊的朋友：「他們在這市場裏幹粗活，為什麼還能保持這樣輕快愉悅的心情呢？」朋友笑着回答：「以前，這個魚市場本來也是一個既沉悶又雜亂無章的地方，大家工作亦不起勁。後來，工友們覺得與其天天抱怨，不如試試改變一下生活的質素。大家決定把工作當成一種樂趣。於是，就有了你看到的創意和歡樂氣氛。魚市場也漸漸出了名，生意也比前好了。」

這個小故事也讓我想起了多年前，饒宗頤教授和淨因法師在午飯桌上的兩句話。當時，法師問饒教授：「饒老您九十多歲了，仍孜孜不倦地每天做學問工作，還得循眾要求不斷地寫字作畫；工作量很大，好辛苦啊！」饒教授聽罷，微笑着回答：「你別把它當成是工作或負擔；試試把它當成是一種樂趣，那末感覺就不一樣了。」

是的，工作也可以是快樂的泉源。它可以為生活增添色彩、讓生命更饒有意義。我們或許不必老把它當作是負擔、苦差。

學會講多謝

多年來，金融與工商管理一直是大學裏最熱門的課程之一。不少同學的夢想是畢業後進入投資銀行工作，工資既高，年終花紅更是十分吸引人。

同學甲君以優異的成績畢業後，得到投資銀行面試的機會。面試過程看來也十分順利；夢想中的金融財經工作機會看來也應該是十拿九穩了。當日最後的一個程序，是由人事部主管請他到鄰近的一家五星級酒店的西餐廳共進午餐，順便談談公司員工的福利待遇等具體問題。

這頓午餐十分豐富可口。服務員非常有禮地陸續送上餐湯、沙律、甜品、餐飲，笑容可掬，服務十分周到。

兩天後，甲君收到投資銀行人事部的電話，通知他面試未能通過。他當然大失所望，在電話上追問為何未能被取錄。

人事部經理很耐心地向他解釋：午餐會晤其實亦是面試的

一部分。人事部經理注意到，在整個午餐過程中，服務員彬彬有禮地多次為甲君送上食物或飲品，可甲君從沒有講過一聲多謝。公司認為待人接物亦是入職的基本條件之一，因為日後還要和眾多的客戶打交道，故此未有取錄他。

這個小故事也讓我想起了多年前某大學校長的一次經歷。當時，校長正擬進入校內某教學大樓，剛巧有一大批同學下課走出大樓。校長於是禮貌地拉着玻璃門，讓同學們魚貫而出。整個過程歷時約兩分鐘，但沒有人向校長說句謝謝，亦沒有人向他問好。

我們今天的教育，十分重視知識的傳授，功課壓力相當大，但待人接物的教育着墨不多，似乎有改善的空間。

學會獨立思考

某大學的音樂系，請來了著名的小提琴演奏家姚老師，為同學們講課，並示範演奏技巧。

姚老師帶來了兩把小提琴。她請同學們留心聽她的演奏，然後判斷一下是不是有哪一個小提琴的一根弦鬆弛了。她先用一把看似較普通的小提琴演奏。拉完一曲後，姚老師又拿起另一把做得非常精美的小提琴，並告訴大家這是維也納一位著名的製琴大師製作的好琴。姚老師用它把剛才那支曲子又演奏了一遍。然後，她問大家：「請仔細比較一下，是不是第一把小提琴有根弦鬆了？是不是音調有一絲的不和諧？」

一位同學站起來說：「是的，第一把琴有根弦鬆了。」「沒錯！是鬆了一點點，仔細聽就能聽出來。」另一位同學附和說。

姚老師走到後面的一位同學身旁，問他是否也聽出來了。

這位同學肯定地點頭附和。接着，她又問了一些其他的同學。他（她）們都說聽出來了，都認為第一把琴確實是根弦鬆了，並七嘴八舌地爭論到底是哪一根弦鬆了。每個人似乎都找到了自己的論據。

最後，姚老師舉起了第一把琴，並鄭重地告訴大家：「這把琴看似平凡，其實也是出自歐洲名家之手。音樂系一位經驗豐富的調音師剛剛把它調試好。根本沒有一根弦是鬆的。」姚老師接着又拿起另一把琴，續說：「倒是這把外表非常漂亮精緻的琴，有兩根弦鬆了。你們看，就在這裏。」

「啊，原來是這樣的！」同學們驚訝得一時呆住了。

「你們都輕信了我剛才故意做的誤導。其實，我想藉着這堂課提醒大家：無論是拉琴，還是在日常生活裏，都需要用心聆聽，獨立思考，做出自己的判斷。這在資訊充斥的時代，尤其重要。」姚老師語重心長地勉勵大家。

磨難是最好的大學

日前有機會隨衍空法師到一所中學和同學們聊天，談到了人生的規劃和他們面對的各種困難；期間分享了以下的小故事。

話說有位種小麥的農夫，每天都虔誠地禱告，希望風調雨順，無災無難地得到豐收。他的虔誠打動了上天；天神答應了讓他如願以償。農夫於當年春天種下小麥後，莊稼長勢一直甚好；整個成長期間亦沒有什麼冰霜蟲害的干擾。眼見秋天到了，農夫滿心歡喜地期待一次大豐收。到農夫把麥子收割下來打穀時，卻意外地發現不少穀殼之內空空如也，並沒有結成麥穀。農夫當然大失所望，於是又再禱告。天神得悉後過來一看，看出原委，便向農夫解釋：「你可知道，植物生長，是個自然的過程。這裏面包括了各種的自然現象。冰霜蟲害亦是成長過程中經常遇到的自然現象。離開了這些自然現象，小麥的成長就不夠完整了，因此有些莊稼結不成完整的麥穀。」

以上的小故事，當然未必屬實，但也反映了莊稼成長過程中的一些不可避免的挑戰。人的成長亦如是。在我們的成長過程中，難免會遇到一些困難、一些挑戰。我們一般會設法去克服這些困難，以便繼續前進。正正由於我們克服了各種的困難，我們會變得更明智、更成熟、更有能力面對和解決日後的各種困難和挑戰，因此將來也會在事業上得到更大的成功。相反地，如果在成長路上，我們過的都是無風無浪，非常安逸的日子，那我們就未必能夠培養出面對未來的挑戰。克服未來困難的意志和能力。

梁啟超曾謂：「磨難是最好的大學。」正是這個意思。

記得上世紀六十年代入讀大學時，校內不少同學都來自草根階層，有些還是當年的「街童」。可他們不斷努力，許多人日後都事業有成，有些還成為今天社會的名人。對他們來說，真的是「千金難買少年窮」。由此可見，只要有志氣、有毅力，我們每一位年輕的同學，將來都可以成就一番事業，活出自己精彩的人生。

哥哥不要怕

每年暑假，我家附近的一個體育會，都會辦一些青少年及兒童的球類運動訓練班。今年的暑假也不例外，許多家長為小朋友報名參加了足球班、籃球班、網球班……等等。有些四、五歲的小朋友也參加了，在綠茵場上跑來跑去，好不高興，好不熱鬧。

有一天，我剛巧路過體育會的門口，看見一個滿臉歉意的少年，正在溫言細語地安撫着一個約四、五歲的小男孩。那個小男孩似乎受過一些委屈或驚嚇，正在慘兮兮地放聲大哭，哭得有點聲嘶力竭。

旁邊有位家長解釋：原來那天的兒童足球班來了一大堆的孩子。這位少年是體育會聘請的暑期工之一，負責照顧足球班的小朋友們，兼教授一些最基本的球技。小朋友們在球場上跑跑跳跳，這位少年一時疏忽，在兒童足球班下課後，點算人數時少算了一個，將這個小男孩遺留在球場上。

待他發現人數不對時，才慌忙跑回球場，把那個小男孩找回來。小男孩因為一個人被遺留在較偏遠的球場上，受到驚嚇，哭得十分傷心。

不久，男孩的媽媽也來了，看見自己的孩子哭得十分悽涼，可憐兮兮的。

朋友，如果你是這個媽媽，你會怎樣辦？痛罵那個失職的少年暑期工一頓？還是直接找體育會的經理投訴？或是很生氣地把孩子帶回去，以後再也不讓他參加那個體育會的任何訓練班？

我當天得到的答案是：都不是。

但見這位年青的媽媽，蹲下來輕聲安慰自己的小男孩，並且很冷靜地告訴他：「已經沒事了。這位哥哥因為找不到你而非常緊張，而且十分難過。他不是故意的。現在，你必須過去拉拉這位哥哥的手，安慰他一下。」

小男孩聽了媽媽的話，於是走過去，踮起腳尖，拉着少年的手，輕輕地，但也非常認真地向他說：「哥哥你不要害怕，已經沒事了。」

朋友，我們做父母的，在痛愛自己的孩子的同時，是否也能夠體諒一下別人。只有這樣的教育，才能培養出體諒別人，關愛別人的孩子，日後才會得到別人的友誼和關愛。

境隨心轉

一位農莊的主人在穀倉裏工作時，不慎地將他喜歡的陀錶遺留在穀倉裏。他在偌大的穀倉內遍尋不獲，便定下賞金，請在農場工作的幾位幫工到穀倉找，並聲明誰能找到陀錶，就獎賞一百美元。

眾幫工在重賞之下，無不賣力地四處翻尋。但是穀倉內滿坑滿谷盡是成堆成堆的穀粒，以及散置的大批稻草。要在這當中找尋小小的一隻陀錶，實在是大海撈針，殊不容易。

幫工們忙得氣羅氣喘，大汗淋漓，；忙到太陽下山仍無所獲，又餓又累，於是便一個接着一個放棄，回家吃飯去了。只有一位年青的幫工留下；反正他也沒有家室，就住在農莊上。在眾人離開之後，他仍繼續努力地去找那隻陀錶，希望能在天黑之前找到它，領得那筆賞金。

穀倉裏慢慢變得漆黑一片。

這位年青人，雖然有點害怕，但仍不願放棄，兩手不停地摸索着。

突然，他發現，在人聲靜下來之後，出現了一個非常輕微而奇特的聲音。

那聲音「嘀嗒、嘀嗒」地不停響着。他登時停下所有動作。穀倉內更寧靜了；嘀嗒的聲響也顯得更清晰。

他靜靜地循着聲音，終於在偌大而漆黑的穀倉中找到那隻遺失的陀錶。

人生路上，我們偶爾會遇到一些難以解決的事情。這時，如果我們心亂如麻，便會茫茫然不知如何應對。但如果我們能保持一顆安靜的心，不為周邊紛亂的其他事情或噪音所擾，我們就能更冷靜地面對問題，達到「境隨心轉」的理想效果。

石壁裏的菩薩

有位年輕的姑娘，中學畢業後到一家工藝品店當售貨員。某天，她在搬移貨品時不慎踫倒了一隻瓷碟，掉在地上，碎成兩片。店主知道後，要求她一定要賠償。經她多番懇求後，店主答應寬限至半年後才補償。

苦惱的姑娘不知道如何是好，只好向禪師請教。

禪師聽完了她的傾訴後，向她說：「據聞有一種能將碎瓷片黏好的技術。不如你去學習這種技術。只要能將這隻瓷碟修復好，事情就有可能解決了。」

姑娘聽完後，搖了搖頭，說：「哪有這樣神奇的技術？要把這隻碎瓷碟黏得完好如初，是不可能的事。」

禪師指點她說：「這樣吧！禪堂後面有一塊石壁，菩薩就駐錫在那裏，只要你對着石壁大聲祈求，菩薩就會答應你的請求了，去吧！」

於是姑娘來到石壁前，大聲對着石壁祈求：「菩薩，請你幫幫我。只要祢願意幫助我，我相信，我一定能將瓷碟黏好！」

姑娘的話一完，便聽到回應：「一定能將瓷碟黏好！」

姑娘以為菩薩真的向她許下承諾，於是向禪師辭別，充滿自信地朝着「復原瓷碟」的高超技術邁進。

半年之後，經過認真苦學和不懈努力，她終於學會了黏貼碎瓷的技術，將破瓷碟復原得天衣無縫，連工藝店的主人也非常滿意，不再索償了。

這天，她再來拜會禪師，準備向菩薩道謝。禪師笑着說：「其實，你不必感謝菩薩。」

姑娘不解地看着禪師：「為什麼不必感謝？要不是菩薩，我根本無法學會修補破瓷碟的技術啊！」

禪師笑着說：「其實，你真正要感謝的人，是你自己。因為，這塊石壁只是一塊回音壁，裏面根本沒有菩薩。當日你聽到的聲音，其實是你自己的聲音。你自己就是菩薩啊！」

儘管回音壁裏沒有菩薩，禪師的話卻給了這位姑娘必要的鼓勵、希望和信心，甚至改變了她的一生。她後來還成為了一位頗有名氣、專門修復古董文物的專家呢。

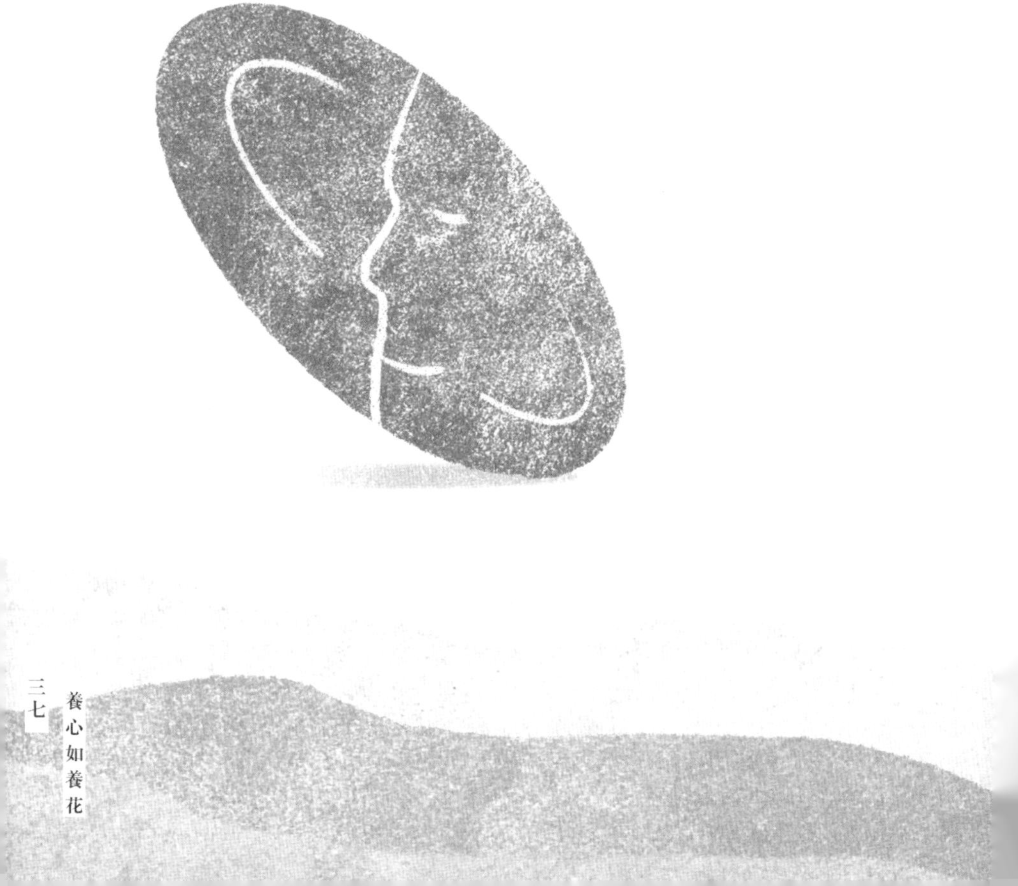

幸福的年齡

心理學課堂上，教授向諸位同學提了一個問題：「在人生旅途中，你認為什麼年齡是最幸福的年齡呢？」

一位女同學率先回答：「記得孩提時代，我常被親人抱着，得到很多的關愛，因此是我最幸福的年齡。」

另一位同學也接着回答：「三歲，因為我不用去上學，可以淘氣地做幾乎所有我想做的事，每天不停地玩耍，好開心。」

在她旁邊的另一位女同學則說：「回想起來，我覺得十六歲時最幸福、最開心，因為那一年我穿了耳窿，可以開始扮靚了。」

一位男同學接着說：「十八歲那年，高中畢業了，考上了心儀的大學，又領得駕駛執照，可以自己開車去上學，又可以和好友去任何的地方遊玩，真的好開心，好幸福！」

另一位女同學則說：「那天，我和大姐一起去探望祖父母，湊巧也談到這個課題。祖母笑着說二十二歲時最幸福，最快樂，因為當時剛大學畢業，有許多男同學約會，獻殷勤，那時有無窮的青春活力。祖母現在七十多歲了，覺得自己體力和精神都漸走下坡，大不如前了。我大姐帶了她四歲的小女孩珊珊一起去。珊珊當時在旁聽了，也插嘴說：二十八歲的人最幸福，因為可以去任何的地方，做任何的事。祖母笑着問珊珊：那你媽媽幾歲了？珊珊說：就是二十八歲。她每天做好多事，我都做不了、學不了，好羨慕媽媽。」

心理學教授聽完了各位同學的回饋，笑着說：「對！大家想想，不同的年齡、不同的人生階段，對幸福有不同的解讀、不同的看法。小朋友覺得成年人更幸福。長者則認為年青時最幸福。其實人生的每一個階段，都有幸福的時光，都有值得我們緬懷的幸福時刻。活好每一天、每一個人生階段，我們就會有個幸福的人生。

下一個當下

某大學有項心理研究計劃，需要做些電話調查。答應做調查對象的人，需要接聽幾個電話，回答幾條簡短的問題。

這天，研究人員給某位調查對象打了個電話，問道：「請問你現在做什麼呢？」

「上班。」

「感覺如何？」

「無癮得很，工作枯燥乏味。」

「那你有什麼打算呢？」

「再等兩個小時就好了，可以放工，和同事們一起去飲啤酒。」

兩個小時過後，研究人員又來電話。

「請問你現在好嗎？」

「正和同事們在酒吧裏。」

「感覺如何？」

「還是無癮，都是些無聊的話題。我正打算去找女友。」

又過了一個小時多，研究人員再次撥通了他的手提電話。

「和女友在一起開心嗎？」

「別說了，煩死啦。剛才聊天時，有位公司的女同事不知好歹地來電話，詢問如何尋找一些公司的舊文檔，又追問如何處理一些業務問題。女友覺得自己被冷落，鬧起情緒來，要我交代是不是在公司另有女朋友。你說煩不煩人？算了，我還是回家休息，看看報紙吧。」

到了晚上，研究人員的電話剛撥通，那位調查對象就先開口了。

「別問了，十分無癮，報紙翻完了，都是些加鹽加醋的八卦新聞，不知是真還是假，好無聊！」

「那你有什麼打算？早點休息吧。」

「是啊，早點休息，明天早點上班。還是上班好，可以多賺點錢。」

這位調查對象，老是不滿現狀，希望下一個時刻會比現狀好，老是活在下一個當下中。等到下一個當下來臨時，發覺又不過如是。這樣又如何會快樂呢？

5
3
2
1

日日是好日

再過幾天，就是王先生的五十歲生日了。

家人問他想如何慶祝生日。他有點興奮，但也感到有點茫然，覺得歲月無聲，正在離他而去。人生半百了，但好像還沒有享受過什麼美好時光，不無遺憾。他於是去請教一位他十分尊敬的老師。

他向老師傾訴：「我快五十歲了，可我還是覺得自己仍未享受過什麼美好的日子。」

老師已快八十歲了，他微笑着答道：「生命中不乏美好的時光，只是看你是否察覺而已。就拿我自己做例子，當我還是個小孩的時候，我在母親的懷抱裏和家人的呵護下健康快樂地成長，那是我生命中最美好的時光。

「上學讀書的時候，我不斷地學到許多新知識，享受着學問的趣味，那是我生命中最美好的時光。

「在我大學畢業，得到第一份工作的時候，我為自己有了具體的責任，並因此得到合理的報酬而感到高興，那是我生命中最美好的時光。

「後來，當我遇到我心儀的對象並雙雙墮入愛河時，我感受到愛的幸福，那是我生命中最美好的時光。

「第二次世界大戰時，為了活命，我和妻子一起逃到了香港。我們組建了自己的小家庭。我幸運地當上了教師，有份安定的職業，看到自己的學生日後事業有成，貢獻社會，感到十分安慰。那是我生命中最美好的時光。

「我們自己後來也成了父母，看着自己的孩子們健康成長。那是我生命中最美好的時光。

「如今，我快八十歲了，我與老伴仍然健康，可以執子之手、與子偕老。這是我生命中最美好的時光。」

人生的每一個階段，都不乏美好的時刻。如能活好每一個當下，常懷感恩之心，那末人生的每一個時刻，都可以是最美好的時光。這樣一來，日日是好日，時時是好時。幸福快樂的人生，亦不遠矣。

慾望無止境

印度有位禁慾苦行的修道者，決定離開他所居住的村莊，到無人煙的山中去隱居修行。他只帶上一件舊衣裳，就隻身到山中一個洞穴裏居住了，每日吃些野菜野果充飢。

後來，他想到山泉邊清洗身上所穿的衣服，於是需要找另一套衣服替換。為此，他下山回到村莊裏，向村民要了另一套衣服。

回到山中之後，他不久就發覺山洞有老鼠，經常會在他專心打坐時，咬他及他的衣服。他實在沒法趕走這些老鼠，於是只好回到村莊裏，向村民要了一隻貓，以便對付老鼠。

可是有了貓之後，又出現了新的問題了。貓要吃什麼維生呢？總不能讓貓去吃老鼠，否則就違反不殺生的戒了。但貓也不會跟他那樣只吃野菜野果。於是，他又回到村裏，向村民要了一頭乳牛，以便讓貓能喝上牛奶，維持生命。

這樣，在山中居住了一段日子後，他發覺自己每日都要花上不少時間來照顧乳牛，牽着牠去吃草。為了讓自己有更多的時間靜修，他於是又回到村莊裏，找了一個無親無故的小伙子，把他帶回山中，幫他照顧乳牛。

又過了一段時日，小伙子跟修道人抱怨說：「山中生活實在寂寞無聊。我跟你不一樣，不是出家人，總希望日後能有個伴侶，過些正常的家庭生活。」

修道人想了一想，覺得這個要求也不無道理。

故事就這樣發展下去。到了後來，修道人的居處差不多變成了一個小村莊。

人的慾望其實是一條鏈，一環扣一環。我們的一生中，不同的時期有不同的訴求和慾望。滿足了一個慾望後，不久又會有新的慾望出現，永無止境。

由自己做起

在英國倫敦西敏寺大教堂地下室的墓葬和眾多墓碑之中，有一塊頗為特別的墓碑（見附圖），相傳為約一千年前的一位聖公會主教的墓碑，但具體姓名和年代已無法考證。

碑文譯成中文後，大意如下：

「當我年輕的時候，我的想像力從沒有受過限制，我夢想要改變這個世界。

「當我成熟以後，我發現我不能夠改變這個世界。我將目光縮短了一些，決定只改變我的國家。

「當我進入暮年以後，我發現我不能夠改變我的國家。我的最後願望僅僅是改變一下我的家庭。但是，這也不可能。

「當我現在躺在床上，行將就木時，我突然意識到——如果一開始時我僅僅去改變我自己，然後作為一個榜樣，我可能改變我的家庭；在家人的幫助和鼓勵下，我可能為國家做一些事情。然後，誰知道呢？我甚至可能改變這個世界。」

在這塊墓碑的周圍，有二十多位英國國君的墓葬和墓碑。從亨利三世到喬治二世，均葬於此。還有許多英國名人，例如牛頓、達爾文和狄更斯等也葬於此。他們的墓碑都造型精美，石質上乘。儘管這樣，上邊提及的那塊主教墓碑每天仍會吸引不少遊客前來參觀。據說，當年青的曼德拉看到這篇碑文後，亦有所反思，有所啟發。並對自己改變南非的理想有所修正。回到南非後，這位原本贊成以暴抗暴反對種族歧視的青年革命家，改變了自己的想法和行誼，改用和平的方法來反對種族歧視。他從改變自己開始，然後改變自己周邊的人。經過幾十年的不懈努力，他終於改變了自己的國家，並影響了整個世界。

貝多芬曾說：「心是一切偉大的起點」。要想改變世界，必須從改變自己做起。佛經亦云：「心淨則國土淨」；「境隨心轉」。要管好世界上的事，得先管好自己的心。

碑文原文

When I was young and free and my imagination had no limits, I dreamed of changing the world.

As I grew older and wiser, I discovered the world would not change, so I shortened my sights somewhat and decided to change only my country.

But it, too, seemed immovable, As I grew into my twilight years, in one last desperate attempt, I settled for changing only my family, those closest to me, but alas, they would have none of it.

And now, as I lie on my death bed, I suddenly realize: If I had only changed myself first, then by example I would have changed my family.

From their inspiration and encouragement, I would then have been able to better my country, and who knows, I may have even changed the world.

不妨多往好處想

語云：樂觀豁達的人活得更快樂。以下可算是個例子。

黃先生大學畢業後，剛出來工作的那段日子，曾和幾位舊同學一起租了一間五百平方呎的小單位。有朋友見他一天到晚總是樂呵呵的，感到有點奇怪，就問他：「幾個人擠在一起住，連一點活動空間都沒有，有什麼可高興的？」

黃先生笑着說：「和同學們住在一起，隨時可以談天說地、下棋或打橋牌。這難道不是很值得高興的事嗎？」

過了一段日子，同學們一個個成家立室，先後搬出去了。小單位裏只剩下黃先生一個人，可他看來還是活得很開心的樣子。

於是有人問他：「你一個人孤孤單單的，有什麼可高興的？」

黃先生說：「家中有很多我想看的書呢！每一本書都是我的

好老師。一邊聽悠揚的古典音樂，一邊向書老師請教，這真是人間一大樂事呢！」

若干年後，黃先生也結束了王老五的生活，和太太搬進了一棟屋邨裏。他家住在七層大廈裏的地下一層。那裏出入的人較多，也較嘈雜。黃先生每天仍是喜氣洋洋的樣子。有朋友問：「你住在這樣嘈雜的環境裏，有什麼值得高興的？」

「你有所不知了！」黃先生笑着說：「住在樓下的好處多的是。不用爬樓梯，搬東西特別方便；親友來探訪也方便啊。還有，太太可以在旁邊的空地上種種花，平添了不少樂趣呢！」

又過了一段日子，黃先生把他的樓下單位轉讓了給一位朋友。那位朋友家有個偏癱的長者，上落樓梯不方便。黃先生夫婦搬到了那棟樓最高的一層，即七樓去。每天，黃先生仍是快快活活地過日子。於是，又有人問他：「你住在七樓，每天要爬樓梯，有什麼好高興的？」

黃先生笑着說：「每天上落樓梯，是鍛練身體的難得好機

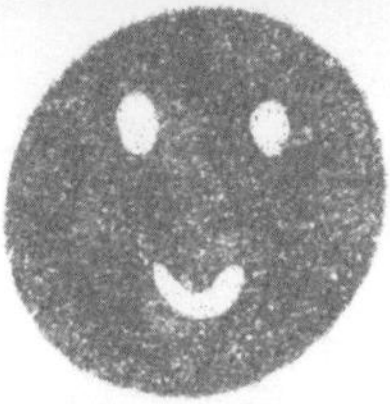

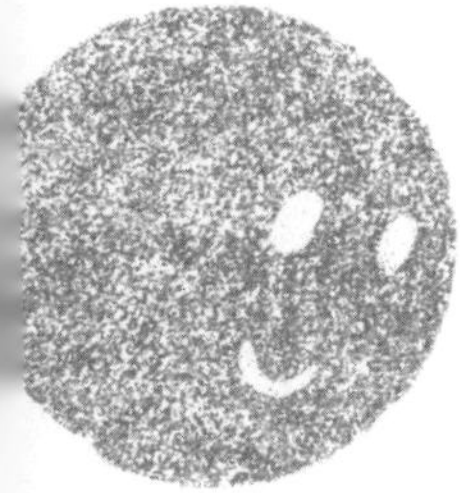

會，對健康大有好處。頂樓空氣好，光線最充足，讀書看報紙都方便，也較安靜。你說多好！」

黃先生除了樂觀豁達之外，也善於換個角度看問題。對生活常懷感恩之心，因此活得很快樂。

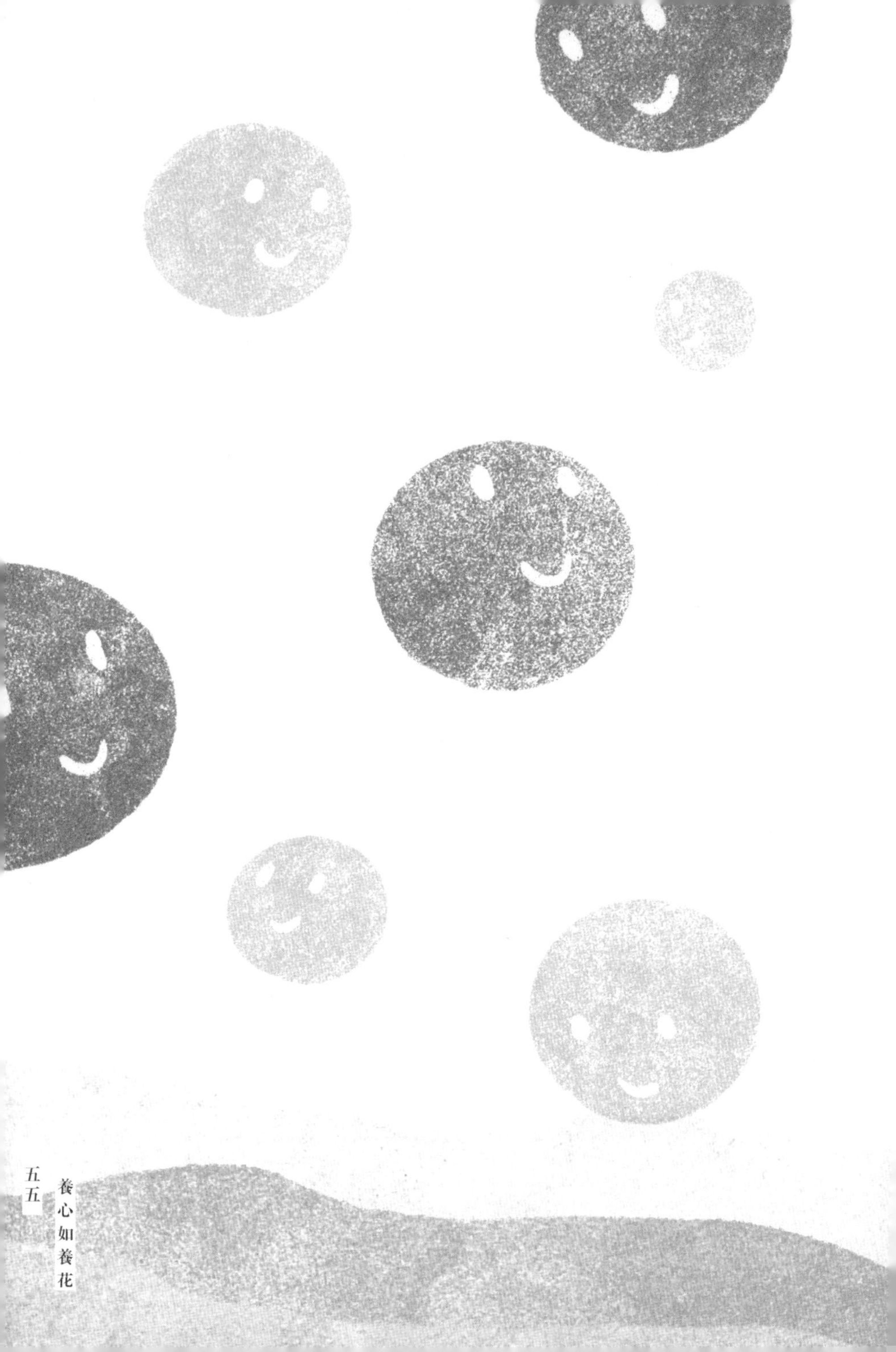

只因心中有個「我」

趙老師班上有兩位女同學特別要好：小燕和珊珊。她們倆經常一起切磋功課，一起上圖書館溫習，仿如姐妹。

小燕來自綜援家庭，父母好不容才養大她，供他上學唸書。珊珊的家環境較富裕，父母都是專業人士。

有一回，趙老師患病住院了，做過手術後，還得在醫院療養一段日子；看來她的四十歲生日也要在病床上度過。趙老師是位非常負責，十分關心同學的好老師，深受同學們的愛戴。

「為了慶祝趙老師生日快樂、早日康復，我倆當天去探望她，給她買個生日蛋糕，好嗎？」珊珊向小燕提議。

小燕雖然心裏非常願意，可她實在不敢隨便表示贊同。想到買個蛋糕要花一百多元，想到家裏為供她讀書而節衣縮食，小燕只能低頭婉委地說：「只要我們的學業成績進步了，趙老師肯定會比吃到生日蛋糕還要高興。這個蛋糕就不一定需要了吧。」

趙老師生日那天，珊珊的爸爸特意在放學時開車到學校門口，接她倆去醫院看望趙老師；車上還有盒生日蛋糕。到醫院時，珊珊一手提着生日蛋糕，一手拉着小燕進去探趙老師。小燕不好拒絕，只好默默地跟着珊珊走。她沒有心情跟珊珊說話，只是心中盤算着：「有錢人就是有心眼，自己出風頭還拉別人陪襯。明明是她自己要送個生日蛋糕給趙老師，而我卻空着雙手跟在後面。趙老師一會兒會怎樣想啊？肯定會怪我吝嗇、不懂禮節了。」

來到了趙老師的病床前，趙老師微笑着接過珊珊送上的生日蛋糕，並當着兩人的面前打開蛋糕盒。小燕一看之下，不禁為自己剛才的想法愧疚不已。

只見那漂亮的生日蛋糕上，放了一張祝福趙老師生日快樂、早日康復的心意卡。卡的下款，清清楚楚地寫着：「你的學生：小燕、珊珊」。

日常生活中，要完全做到「無我」實不容易。「我」的意識經常作怪，為我們帶來許多不必要的煩惱。

有容乃大

二十世紀五六十年代，台灣有不少商店和飯館門口都掛起了以著名書法家于右任老先生署名題寫的招牌，以廣招徠，但其中確實是由于老先生親自題寫的並不多，大部分都是贋品。

一天，一位于老先生的學生因事前來拜訪于老，說：「老師，我今天中午去了一家飯館吃飯，想不到他們居然也掛起了以你名義題寫的招牌，明目張膽地欺世盜名，真令人氣憤！」

正在寫字的于老先生「哦」了一聲，放下毛筆微微一笑，隨口一問：「那依你看，他們那塊招牌上的字寫得好不好？」

「難看死了！」學生皺着眉頭說：「下面還署了老師的大名，真不知羞恥！」

「這可不行。」于老還是微笑着說：「你今天去的那家飯館，鋪名叫什麼？」

「那館子做的菜餚還算不錯，尤其是以羊肉泡饃最出名，鋪名因此就叫『羊肉泡饃館』。」

于老先生聽罷，隨手從書桌旁取出了一張宣紙，提起毛筆，凝神在紙上寫下了幾個字，蓋好圖章，然後交給這位學生：「拜託你去把這東西交給飯館的老闆！」

學生接過宣紙一看，不由得呆住了好一會兒。只見紙上寫着筆墨酣暢，龍飛鳳舞的幾個大字：「羊肉泡饃館」，落款則是「于右任題」幾個小字，並蓋上了一方私章。整篇書法，瀟洒飄逸漂亮極了。

「老師，你這是……」學生有點出乎意料，不知所措。

「哈哈！」于老先生撫着長鬍子笑說：「你剛才不是說，那塊招牌上的字不好看嗎？這冒名頂替的事固然不好，但畢竟也說明他還是看得上我于某人的字。所以，幫忙幫到底，還是麻煩你再跑一次，把那塊假的換下來，好嗎？這樣一來，你下次再去吃羊肉泡饃時，也會吃得舒暢一點，不會因為假招牌而氣惱了。」

「啊！我明白了，好極了，我馬上去！」

就這樣，那家羊肉泡饃館的店主竟以一塊假招牌，換來了當代大書法家于右任的墨寶，喜出望外之餘，心中不免暗叫慚愧。

這個小故事也讓我想起中國大陸的著名書法家啟功老先生。眾所周知，內地到處都可見到以啟功名義題寫的書法作品。據說多年前，有人請啟老到書畫市場去逛逛，請他點評鑑證一下。啟老看見到處都是模仿自己的作品，於是笑着回答：「很好啊！都比我寫的好。」

于右任的寬容豁達，啟功的謙遜幽默，都反映了一代宗師的大家風範。語云：有容乃大，於此亦可見一斑。

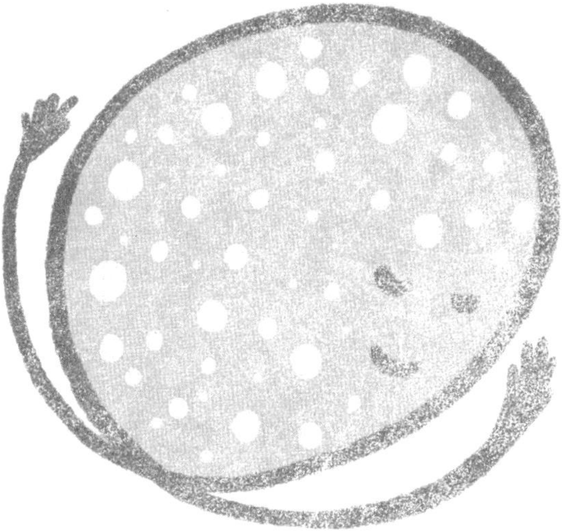

不如轉轉身

新冠肺炎疫情期間，許多朋友不能外遊，於是改為在香港郊野公園或新界離島行山。某個周末，大家相約於大嶼山昂坪會合，翌晨登鳳凰山觀日出，可惜的是，天公不造美，傍晚時分，昂坪竟起下了淅淅瀝瀝的小雨。到了翌晨五時左右，大家起來準備出發登山時，雨仍是時灑時歇。領隊的朋友出去看了一下路況，回來跟大家說：「抱歉！看來要取消登山了。大家乘興而來，就乘興而去好了。」

「就這樣轉身回去？」望着雲霧繚繞的鳳凰山峰，團友甲心有點不甘。

「雨天裏，山路比較滑，安全沒有保證。即使我們登上了峰頂，今早雲層較厚，估計也看不到日出了。該轉身時就轉身，若不轉身又如何？」領隊微笑着回話。

是的，人生多變幻。登山路上，能轉身才能觀賞到九曲十八彎的美景，才能領悟到曲徑通幽的曼妙。無論是悠悠然地轉身下山，還是停步回首四望，每一次轉身所舒展的，正是生命的從容、淡定、灑脫……所收獲的，正是人生的愜意、飄逸、靈動……生活的芬芳，生命的美麗，往往都在轉身之際，倏然呈現於眼前，觸手可及。就如星雲大師所說：為人處事，要常給自己留個轉身的餘地，才不致逼到死角，才能提得起，放得下，能進能退，能有能無，這才是參禪悟道的境界。

意轉天地開

凡事皆有因

潮流興創業，當然也影響了我們的一些同學，特別是念資訊科技及商科的同學們。他們的偶像是微軟的蓋茨和蘋果的喬布斯。彼得就是這樣的一位同學，畢業後和兩位同窗好友開了一間軟件開發公司，只是兩年不到，便因生意不佳、資金短缺而關門了。彼得接着開了一家專營電腦配件的小公司，不久也因行業競爭劇烈而告終，還令他欠了不少債，煩惱得很。

彼得工餘有個愛好，喜歡行山。創業沒能成功，他於是靠行山來減壓，舒解心中的鬱悶情緒。一天，在山上走過一片雜草叢生的坡地時，不經意地被絆了一跤，令他摔倒在地。他當時沒太在意，爬起身來又繼續前行；但沒走出幾步，又結結實實地再跌了一跤。這一回，他沒有急着爬起來，而是仔細打量了周邊的草地。原來，絆倒他的是一種叢生植物——蔓草結成的一個個草環，廣佈在這片草地上。行人稍一不留神，就會被絆倒。於是他改變路線，避過這片草環地，終於也順行到達原來的目的地。

這次行山的經歷，也讓他醒覺到人生路上的起起落落，成敗得失，其實都是有其原因的。冷靜地找出跌倒或失敗的原因，就能避免重蹈覆轍，知所改進。幾年後，彼得終於成了業界一顆燦爛的新星。

有為有不為

有位著名的登山運動家，從事登山運動逾二十年，曾征服過世界上許多著名的高峰。

這一回，經過周詳而慎密的準備後，曾數次攀登世界第一高峰——珠穆朗瑪峰——惟未竟全功的他，又再次向珠峰進發了。一路上行程十分順利，在抵達海拔八千米的高程時，他仍然保持着很不錯的體能狀態。經過一夜充足的休息後，他懷着殷切的期盼向峰頂進發。

然而，天有不測之風雲，那天早上還是晴空萬里、微風習習；可是出發後兩個多小時，山間便開始雲團翻捲，狂風勁颳了。他小心翼翼地挪動腳步，異常艱辛地向上攀登，一步一步地慢慢縮短着與峰頂的距離。又過了兩個多小時，他終於疲憊不堪地到達了峰頂不到二百米的一個避風落腳點。

休息了好一會兒，風似乎還沒有緩和下來的跡象。他開始試探着向峰頂邁進。

然而，他只向上攀行了一百米左右，便不得不再停下來。他清楚感覺到耳畔呼嘯而過的狂風比之前更猛烈了。他的雙腳也越發沉重起來。他預感自己這一次真的難以征服最後那一百米的攀程了。即使自己傾盡全力衝刺，能夠到達峰頂，恐怕也難以安全返回。

於是，他仰望着近在咫尺的峰頂，跪了下來，合十頂禮，然後抓緊時間往山下撤退。

他剛回到安全地帶，便得悉有兩位和他同一天登峰的英國登山隊員還沒有撤下來。不久，他從報章上看到了他們遇難的消息：他們其實都已登臨了峰頂，是在下撤時遭遇不幸的。

他心裏明白：世間有些高峰，也許是留給人們景仰的。知足知不足，有為有不為，不一定需要攀越人生的每一個高峰。

無聊之苦

甲君不幸染病去世，在下地獄的途中，遇見一座金碧輝煌的宮殿。宮殿的主人表示歡迎他留下來居住。

甲君大喜過望，說道：「我在人世間辛苦了幾十年，現在能到這地方享清福，不用再做牛做馬，那多好啊！」

宮殿主人點頭說：「若是這樣，這個地方很適合你居住。我這裏有吃不完的山珍海味，美食佳餚。你想吃什麼都可以供應。我這裏也有十分舒適的寢室和床鋪；你想睡多久就多久，不會有人來打擾你。而且沒有人會來給你添麻煩，要你去上班或工作。」

於是，甲君就在這裏住了下來。

開始的一段日子，甲君吃了就睡，睡醒就吃，感到非常輕鬆快慰。漸漸地，他覺得有點無聊和空虛。於是，他去見宮殿主人，抱怨說：「這種每天吃吃睡睡的日子過久了似乎沒有什麼意思。我現在吃得肚滿腸肥，但對這種生活已覺得有點無聊了。你能否給我一些事做，或幫我找一份工作？」

宮殿主人答道：「對不起，我們這裏沒有什麼差事或工作。」

又過了幾個月，甲君實在忍不住了，只好再去找宮殿主人說：「唉，這種無所事事，十分無聊的日子我實在受不了。如果你再不給我差事做，我寧願下地獄去了。我真的沒法在此待下去了。」

宮殿主人笑了一笑，解釋說：「你可能誤會了。這裏本來就是地獄的範圍啊！」

是的，人的存在價值，在於他對社會，對周邊環境和人群的貢獻；而這往往是通過他的工作來體現的。每天如果只是渾渾噩噩、無所事事地過日子，其實也是一種苦。

隔夜的煩惱

有位農莊主人，需要安裝一些水管以便灌溉農田，於是請了一位水喉匠來農莊進行安裝工程。水喉匠王師傅那天早上應約前來，開了一部小貨車，準備到二十公里外的農莊開工。車到半路，有個輪胎爆裂，耽誤了大半個小時。開工期間，電鑽又壞了。傍晚時準備收工回家，小貨車卻又壞了，打不着火。農莊主人只好開自己的車，先送他回家，翌日再設法處理壞車。

農莊主人把王師傅送到家門口。王師傅感激之餘，客氣地請農莊主人進屋小坐，喝杯茶。進門前，只見那位今天運氣欠佳，諸事不順心的王師傅在家門口的一棵小樹傍停了下來，閉目養神一會兒，再伸出手，撫摸了一下小樹的枝椏，然後才敲門。門一打開，王師傅一下子好像換了個面孔，原來因工作不順利的晦氣沒有了，笑嘻嘻地和兩個孩子緊緊擁抱，再給迎上來的太太一個深情的吻。農莊主人進去略坐了一會，寒暄一番後就準備離去。王師傅客容氣氣地送他上車。

臨開車前，農莊主人忍不住好奇之心，問王師傅：「剛才進門前，你摸着樹靜默了一會，有什麼用意嗎？」

王師傅微笑着回答：「有！這是我的『煩惱樹』。我每天到外頭工作，有時也會像今天那樣，碰上一些倒霉的事。可我有個原則，就是不能把煩惱帶進家門，因為這裏頭有太太和孩子。所以，我每天就把煩惱暫時掛在樹上，拜託老天爺暫代看管，翌日出門時再取回。奇怪的是，第二天我再到小樹前時，那些『煩惱』好像大部分都已不見了。」

世間事好壞參半

歐洲某國有位著名的女高音歌唱家，三十歲出頭就已譽滿全球，令許多人羨慕不已。一次，她在米蘭舉辦獨唱會，門票早在半年前就已被搶購一空。當晚的演出也空前成功，掌聲如潮。音樂會結束後，她和丈夫、兒子準備離去時，被早已等候在門口的一眾粉絲和記者們圍住了。粉絲們忙於請求她在場刊上親筆簽名。記者們則忙於採訪她的近況和演出計劃。言談之間，大家對女歌唱家讚美不絕，不時表達仰慕之情。有人恭維她如此年輕便已成為殿堂級的歌唱家；有人羨慕她有個富可敵國、並鼎力支持她的丈夫；也有人讚美她有個笑容可掬、善良聽話的兒子……

女高音面帶微笑，耐心地等大家把讚美的話講完後，才輕聲地回應：「非常感謝大家對我及我家人的厚愛、讚賞。可是，大家看到的只是外表，還有些生活的陰暗面沒有看到。我這個孩子一切都很好，只是他生下來就是一個啞巴。在家裏，他還有個姐姐，是個精神分裂症的患者。」說完，女高音一面平靜。

人們聽了她的話，一時間說不出話來，面面相覷，似乎無法接受這些事實。女高音心平氣和地繼續說：「這一切只說明了一個現實，世間的事，往往是好壞參半，苦樂參半。」

人類的家園——地球——每天都有一半在太陽的光芒之下，又有另一半在黑暗之中。看到別人的光輝的同時，我們也要看到光輝背後的影子。看到自己的困境時，也要看到自己在艱難歲月裏的磨練和成長。上天給中東不少的地區披上了一層厚厚的黃沙，但那亦可以看成是禮物的包裝，因為沙漠下面埋藏了世界最大的寶藏：石油。

苦樂之間

羅素（一八七二—一九七〇）是英國近代著名的哲學家和文學家，曾於一九五〇年獲頒諾貝爾文學獎。

二十世紀二十年代初，羅素曾來到中國的四川旅行。當時正值盛夏，天氣非常悶熱。羅素一行坐着竹轎上峨嵋山觀光。山路非常陡峭，轎夫們累得大汗淋漓。羅素看在眼裏，心中不忍，覺得轎夫們的工作實在太苦太累了。他遊山的興致也因而受到影響。

走到了半山的一個小平台上，大家停下來略作休息。羅素下了竹轎，想去慰問一下一眾勞苦的轎夫們。這當兒，他見到轎夫們坐在一塊，拿出煙斗，彼此之間有說有笑，似乎在講着一些開心的事兒，絲毫沒有抱怨天氣太熱或抬轎上山太辛苦的意思。羅素當下得到的印象是：轎夫們似乎絲毫沒有對自己的命運感到悲苦，亦沒有感到「別人坐轎我抬轎」的不公。他們甚至興致勃勃地試圖給羅素講解自己家鄉的一些笑話。他們通過陪同翻譯的幫助，還給大哲學家羅素出了一道智力題：「你能用十一畫，寫出我們這裏兩個中國人的名字嗎？」羅素表示不能。轎夫們笑呵呵地給出答案：「王一、王二。」

在整個對談中，他們不時發出朗朗而自然的笑聲。羅素當下陡然醒覺，心生一絲慚愧與自責：「我先前憑什麼去安慰他們？我怎知他們活得不快樂？」他得出了一個結論：用自以為是的眼光看待別人幸福不幸福是站不住腳的。安坐在轎子上的人未必一定幸福，而辛辛苦苦地抬着轎子上山的人也未必是不幸福。幸福其實就在我們每一個人的心中。只要我們能讓自己的生活填滿了喜悅，那幸福就在眼前了。

事在人為

有位同學畢業後，轉換過多份工作，但都做不長，因此沒有什麼事業成就感，頗為氣餒。一次，他有緣遇上了一位禪師，閒談中向禪師嘆息自己運程欠佳。

「師父，世界上到底有沒有命運這回事？」他不無感慨地問禪師。

「當然有。」禪師回答。

「既然是命中注定，那末奮鬥拚搏還有什麼用呢？」他再問。

禪師笑而不語，只提起他的左手，先說了幾句手掌內有生命線、事業線之類的算命術語，然後請他舉起左手並握成拳頭。

「我們剛才看到的生命線，現在哪裏？」禪師問。

「在我的手中啊！」他直覺地回答。

禪師又再問一次：「命運線在哪裏呢？」

這時，他略有所悟。對啊，命運其實就在自己的手中。

「是的，命運確實是掌握在自己的手中。世間萬事萬物，包括成敗得失，背後都是有其因緣的。條件如果改變了，結果就可能不一樣了。這些因緣或條件，往往亦是隨着時空而起變化的。只要我們努力改善好這些條件，多種善因，廣結善緣，就會得到更好的效果。因此，命運的確是掌握在我們自己的手中，就看我們是否努力去改善這些因緣而已。」禪師微笑着開解他。

回家途中，他仔細地推敲了禪師這一番話，想到自己以前經歷過多次的失敗，但從沒有找出失敗的原因。如果能夠冷靜地找出自己的缺失，努力予以改善，那麼效果可能就不一樣了。

他終於想通了，自此努力去改善自己，積極地為自己創造成功的條件，終於踏上了成功之路。

一塊兩面碑

一個西班牙海員、一個菲律賓大學生、一位哲學家和一個政客，四個人同時前往西班牙航海家麥哲倫喪生的馬克旦恩島游覽。他們見到了一塊用英文書寫的黑底白字的兩面碑。

碑的一面記述：「時維一五二一年四月二十七日，馬克旦恩島酋長拉普率領衆人於此擊潰西班牙侵略者，殺死魁首麥哲倫。菲律賓人在拉普指揮下抵禦了一次歐洲人的入侵。」碑的附近還塑有拉普威嚴的銅像和他砍殺麥哲倫的英武畫面。

碑的另一面記述：

「時維一五二一年四月二十七日，航海家麥哲倫與拉普率領的衆人交鋒，身受重傷，殞命於此。其後，船隊改由埃爾卡諾率領，於次年九月六日泊歸聖羅卡爾港，首次完成了環球航行。」

西班牙海員看了這塊碑後心生不平。

他說：「一個愚頑的酋長在狹隘的民族主義衝動下，殺死了讓人類的認知轉折、文明飛躍的航海家麥哲倫，這本身已是歷史的一大悲哀，怎麼反在這裏塑造起酋長的銅像，還有那個殘忍的畫面？」

菲律賓大學生聽了很不以為然。

他說：「不，當年麥哲倫在塞普島已受到熱情款待和補給。只是島民不願接受他的傳教，難道麥哲倫就應該憑藉槍炮殺戮無辜島民？文明何有、公理何在？這是侵略者的下場。」

哲學家笑了笑：「我看這塊兩面碑就是歷史多元觀的一個典範。它既維持了民族尊嚴又記述了歷史事實，既緬懷了艱難的人類文明進程又讚嘆了民族主權應有的莊嚴。」

政客則反對這種在哲學遮蓋下的調和。

他認為，沒有是非、沒有善惡的任何說法都是不可接受的，「沒有善惡，就等於沒有公義；必須反對、堅持原則，一定要抗爭到底。」

兩種截然相反的觀點居然刻在同一塊碑上，這究竟是拉普的悲哀，還是麥哲倫的不幸？

在現實世界裏，對同樣的一件事，不同的人會因文化背景或利益考慮而有不同的看法。如果每人只是堅持己見，那就可能會產生紛爭。國與國之間，如不能求同存異的話，就難免出現衝突乃至戰爭。佛法主張除了自己的主張以外，也耐心聽聽別人的意見，試試想想別人的處境，對別人多一點體諒和寬容。這樣一來，社會可能會更融洽祥和一點，世界亦會減少一些戰禍。

人間好時節

布朗先生被公司委派了新的職務，於是一家子遷到了美國南部亞里桑那州的鳳凰城居住。那裏鄰近沙漠地區，夏天的氣溫高達攝氏四十五度，令他感到十分難受。

翌年的四月，他就開始為如何度過夏天而發愁，因為三個月的地獄生活快要到來了。

那天，當他在家附近的加油站加油時，和店主懷特先生聊起了他對炎炎夏日的焦慮。

「其實你不必為如何度過夏天而發愁。」懷特先生一邊說，一邊找贖零錢：「這裏的夏天儘管有時高溫，但也有美好的時光，值得我們好好欣賞。而夏日的種種不適，你只要躲在冷氣間就過去了。」

「夏日在這個大火爐裏還有美好的風光？」布朗先生不解地問。

「你且試試在夏日的清晨五六點起床。六月的黎明，整個天際掛着漂亮的玫瑰紅，就像花季少女羞紅的臉。八月的夜晚，滿天的繁星會令人目不暇給。還有沙漠裏的黃昏，長耳大野兔奔跑跳躍；月亮升起來時，小狼在山坡上成群出現……」

說也奇怪，懷特先生這番話似乎有點效果。布朗先生似乎不再害怕夏天了。四月和五月也就在輕鬆自然的心情下過去了。

當高溫天氣真正到來時……

清晨，布朗先生在涼爽的空氣中修剪玫瑰花；白天，在冷氣間作息；晚上，一家人在院子裏玩槌球遊戲，做冰淇淋吃。

整個夏天，他還欣賞了沙漠日出日落時特有的壯觀景象。

幾年之後布朗先生又因工作調動，一家子搬到了北部的密芝根州。

不到九月，有些鄰居就為過冬而發愁了。

當十二月大雪真的落下來時，布朗先生和兩個男孩真是興奮極了。他們忙着滾雪球、拉雪撬、堆雪人，去湖面滑冰……。晚上，一家人圍坐在壁爐旁，津津有味地吃熱朱古力。

一位鄰居不無感慨地向他說：「多年來，雪只是我們鏟除的對象；我已忘記了它還能帶來那麼多的歡樂呢！」

是的，天氣有時會給人帶來一些不便。可更重要的是：如果我們能發現和欣賞生活周邊的美，那就樂趣無窮了。正是：

春有百花秋有月，
夏有涼風冬有雪，
若無閒事掛心頭，
便是人間好時節。

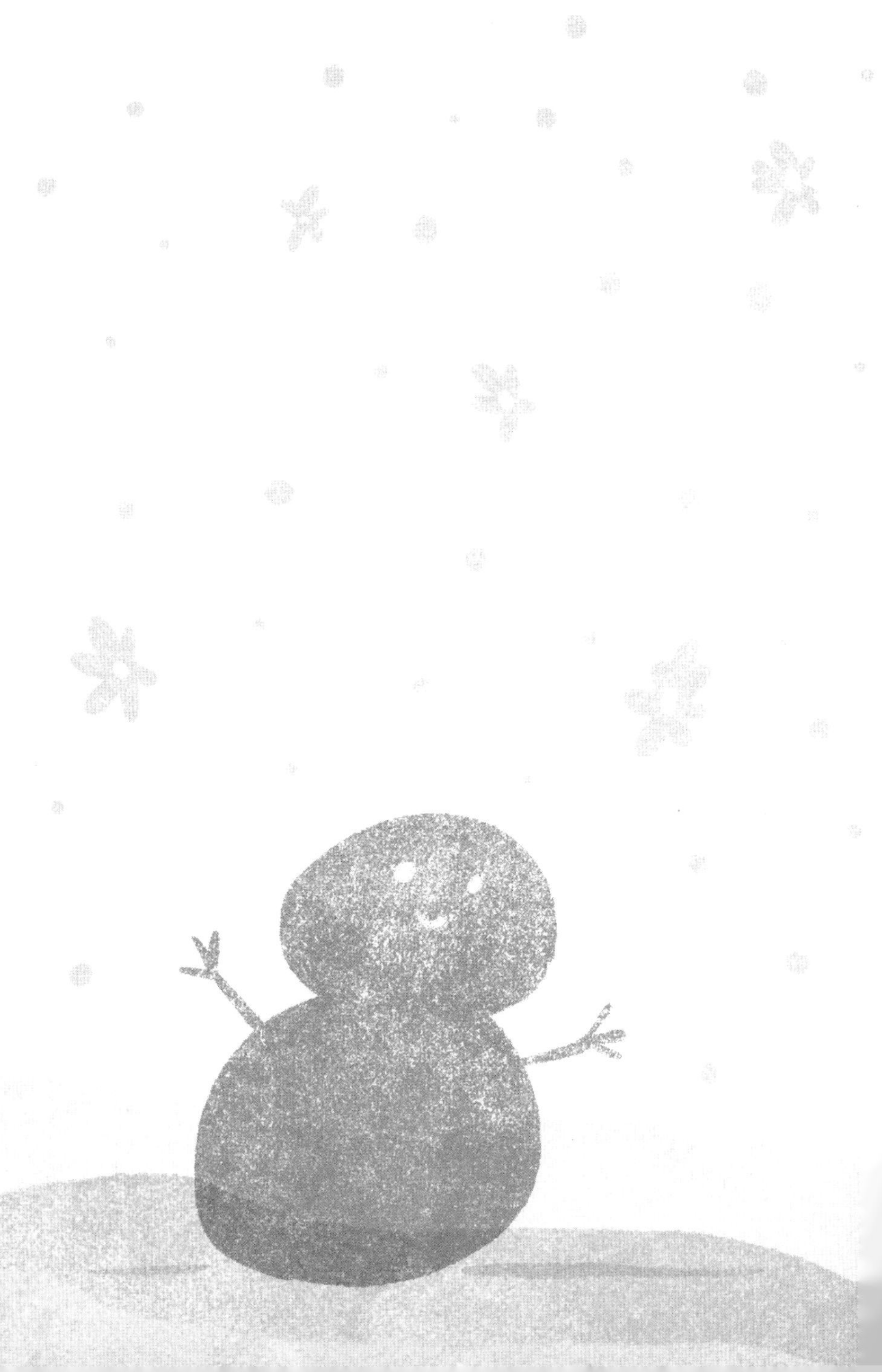

路是人走出來的

有一位藝術系的同學，一直醉心於繪畫。大學畢業後，他出國留學，想跟隨名師學畫，繼續深造。

可是，在國外念藝術系研究生的獎助學金不多，他生活有點拮据，於是在課餘到渡假村修剪草坪，幫補生活費。

一天他不小心鏟壞了一塊草皮。他想了想，就乾脆利用自己的美術天賦，把這塊草坪修剪一幅畫的樣子。

想不到，他這個傑作竟得到了渡假村管理員和住客們的讚賞。他還因此獲得加薪；而他的美術天賦也能在美化草坪的過程中充份發揮出來。這為他帶來了不少滿足感；他開始喜歡修剪草坪這項工作了。

後來，因為聘請他修剪草坪的客戶越來越多，他不得不僱用一些同學來幫忙。

再後來，他有了自己的園藝公司，專門幫人設計修剪和美化草坪，生意甚好，口碑亦佳。他的經濟條件有了較大的改善，生活也比前穩定。他有空時又重拾畫筆，繪畫他自己最喜歡的畫。

現在，他既有穩定的經濟基礎和收入來源，又可以實現當畫家，從事藝術創作的夢想了。

近年高等教育有了很大的發展，逐步從精英教育轉化成為普及教育。大學畢業生的數目大幅上升；有些同學畢業後找工作遇上了不少困難。或許大家可以參考這位藝術系畢業生的例子，靈活變通，橫向思考，因為機會其實就在我們的周邊，路畢竟是人行出來的。

麻煩與人生

黃彼德二十七歲那年，他任職的公司突然倒閉。他失業了，覺得十分沮喪，認為自己遇上大麻煩了。

他的叔叔得知這個消息，過來安慰他，臨走時還打趣地跟他說：「你真幸運。」

「幸運？」黃彼德大叫起來：「我在那間公司浪費了兩年的光陰！如今公司倒閉了，可我還有兩個月的欠薪仍未能領到呢。」

「真的，彼德，你很幸運。」叔叔耐心地解釋說：「根據我的經驗和耐心觀察，凡是早年在事業上遇到挫折或踫上麻煩的人都是幸運的，可以從中學到鼓起勇氣，從頭做起。有些人運氣似乎一直都很好，到了四五十歲，公司忽然倒閉或裁員時被解僱了。那才是大禍臨頭。由於他們一直都比較順景，因此從未想過或學過如何在跌倒後重新爬起來。到了中年以後才學，年紀已太大，太晚了。」

黃彼德三十五歲時，責任似乎越來越重，工作也越來越忙，麻煩當然也不少。叔叔知道後，又跟他開解說：「不要因為事務繁忙麻煩多而抱怨。你的收入多正是因為工作上遇到的麻煩較多。有些人不需要負什麼責任，所以沒有什麼麻煩，報酬因此也少一些。只有困難和麻煩多的工作，才會帶來豐厚的報酬，和更大的成就感、滿足感。」

黃彼德四十歲時，叔叔有一回又跟他說：「工作這麼多年，你可能會發現，麻煩不是偶然出現的，麻煩就是人生。」

如今，黃彼德回憶起叔叔這幾番話，更有感悟，覺得真是至理名言。

麻煩是人生的一個重要組成部分。人正是在經歷一場場的麻煩與磨難中成長的。愈能面對麻煩，克服困難的人，就愈會成功。

結疤的木材

高考放榜後，亞強的成績比預期差。總分未能跨越進入大學的門檻（即最低要求），中文科又不及格。失望之餘，他只好去報讀社區書院的副學士課程。

年輕人遇上這樣的挫折，心情自然不太舒暢。他來自基層，父親是個木匠。那年的暑假，他在家中閒着無聊，於是到父親的木材店做幫工，打發時間。

這天，亞強幫父親刨木板。正刨得起勁時，木刨忽然在一個木材結疤的地方卡住了。那結疤的地方又硬又實，並不易刨。

「這個木結怎會這樣硬的？實在不好刨啊！」亞強向父親請教。

「那是因為木材在那裏曾經受過傷。」父親解釋說。

「木也會受傷？」亞強不大明白。

「木結其實是樹木受過傷的部位，令到水分和養分的輸送不暢順。這些受傷的部位會結疤，變得很堅硬，不易刨。」父親語重心長地耐心解釋：「人也一樣，遇過挫折，克服挫折後會變得堅強。」

父親的話讓他心頭一亮。

他自此發奮讀書，副學士課程畢業時，他取得非常優異的成績，順利地被本地一所著名的公立大學取錄，銜接上學位課程，他其後還成為一級榮譽畢業生，和一位非常優秀的專業人士呢。

挫折與磨難其實是我們成長的一部分。如能克服困難，我們就會變得更有能力，日後亦會因此而變得更成功。梁啟超曾云：「磨難是最好的大學」，正是這個意思。

無常也是好事

珍珍的丈夫被公司調職到千里之外的一個城市去當分行經理。這對丈夫來說，是個難得的發展機會。但從珍珍看來，這意味着她再也不能經常見到自己的至親好友了。她感覺到人生無常，有點苦惱，但也只能無奈地接受這個現實，隨着丈夫遷到外地去。

在新的家園安頓下來後，珍珍發覺附近有家頗著名的美術館，還有一所美術學校。珍珍人地生疏，閒着無聊，便到美術學校參加了一個水彩畫班。說也奇怪，學了幾個月後，珍珍竟然發現了自己從未察覺的美術愛好與才華。

一年以後，水彩畫班的老師籌辦了一次畫展。珍珍的參展畫作竟然得到了一些名畫家和藝評人的讚賞，脫穎而出，成了畫壇新星。

從此，開始有人向她求畫、買畫，或委託她作畫。沒幾年，她成了一位遠近知名的水彩畫家。

回想起來，她對自己當年對遷居的抗拒情緒覺得很可笑。她寫信給母親時說：「這次遷居給了我一個自我發展的好機會，讓我發掘出自己本來沒有察覺到的藝術潛能。」

學會接受無常、接受變化，可以幫助我們對眼前的一些難題和煩惱處之泰然，並能更好地活在當下，善用轉變的機會去尋求新的發展，不斷自我完善，以便日後獲得更大的成功。

變幻無常其實是宇宙和人生的一條常規，故謂「變幻是永恆」。惟其常變，才有不斷進步、不斷完善的機會。

按按C鍵

英國有位政治人物大衛・勞合喬治（David Lloyd-George），曾於一九一六—一九二二年間出任首相，他有個生活習慣，就是走過一道門後都會隨手把門關上。

「首相閣下，你大可不必關門。」他的助手微笑着提點他。

「哦，是的。」首相若有所思地回應：「抱歉！這是我多年來養成的習慣：總是會關上後面的門。你可知道？當我把後面的門關上時，我同時也就將我的煩惱留在後面。這樣，我就能夠更輕鬆地向前行了。」

首相的回答似乎有點抽象，但我們如能細細品味一下，它其實亦蘊含了不少人生智慧。

隨手關門，能讓我們放下煩惱。它能讓我們從人生的起起落落中從容地走出來，更灑脫地繼續人生的征程。

還有一個頗相似的建議，就是我們每做完一件事後，可以假設自己是一部小小的計算機，按一按C鍵（即clear button，清除鍵），把事情從自己的腦海中清除掉。這樣就可以專心做好下一件工作，不會被前念或早前的煩惱影響眼前的工作了。

舉個例子說明一下：假如某天上班前，我跟家人因事吵了一頓，或在泊車時跟別人因爭車位而發生口角。如果我老是記着這些不愉快的時刻，上班後仍耿耿於懷，就會很不痛快。又假如當天上午要開會，我需要發言，做業務報告；如果我腦子裏老是想着早前的不愉快事，我難免會分心分神，就有可能影響我做報告的效果，實屬不智。因此，我們如能按C鍵，把早前的煩惱清除掉，或把它關在門後，那我們就能專注地就好眼前應做的事，效果亦會更好。

心底的憾事

大衛喜歡音樂，也經常到文化中心欣賞音樂會的演出。某天，音樂會半場休息時，有位頗為面善、似曾相識的女士走到他的座位旁，問：「請問你是王大衛先生嗎？」

「啊！是珍妮嗎？」大衛半驚半喜地想起來了。

「哎呀！真的是你，大衛，能再見到你真好啊！」

珍妮是大衛三十多年前的女朋友，後來因故捨他而去。聽說，她後來的人生路並不平坦、日子過得並不稱意。大衛偶爾也會想起她，並試圖打聽她的近況。

兩人接着寒暄了一番，並互道別後境況，包括家庭、工作等。半晌，珍妮忽然低下頭來，若有所思地說：「大衛，有句話多年來都想向你講：十分抱歉，我當年對你的態度，實在很不好。」

世間恐怕沒有人想勾起那種給人拋棄的傷痛回憶。

「還好，畢竟是三十多年前的事了，不必在意。」

「但我還是應該講一句：是我錯了。」

「那時，我們太年青了，待人處事都不成熟，真有點少不更事。」

「是的，但我也不應以此為藉口。多年來，這一直是我心底的憾事，困擾着我，覺得自己實在對不起你。我一直想跟你說一句：對不起了。」珍妮的面上滿是歉意、誠意。說畢，她長長地嘆了一口氣，似乎有種如釋重負的感覺。

「好的，我明白了，也衷心接受了。」大衛心間也有一陣觸動的感覺，微笑着輕輕拍拍她的肩膀，請她別再介懷，好好照顧自己，希望她未來的日子能過得幸福快樂。

音樂廳上響起了鐘聲，示意下半場馬上就要開始了。大衛和珍妮只好互囑珍重，匆匆道別。

這以後，兩人再沒有機會遇上，但那天在音樂會上重逢的溫馨感覺，卻一直縈迴在大衛的腦海，成了永遠的回憶。

現實生活裏，我們每個人都可能會有些痛苦或令人難過或遺憾的記憶，有些可能是小事情，有些則可能很刻骨銘心。即使事隔多年，依然是心底的一件憾事、一個心結，難以釋懷，儘管已經是無法再補償了。寬恕永遠是一劑良藥，可以減輕自己良心的譴責，也可以安慰受傷的心靈。當然，在某些情況下，單單講一句「對不起」可能還是不夠的，亦不能挽回因自己犯錯而造成的傷害，但真誠的道歉和懺悔仍然有助於打開心靈之窗。這就是寬恕的力量。

因緣生滅

古時希臘有一位國王，統一了巴爾幹半島的南部、愛琴海西岸一帶的城邦小國，並致力發展文化藝術事業，建造了不少典雅的殿堂式石建築物。

國王又崇尚智慧和學問的追求，不時請教有學問的智者。一天，他請來了當時頗負盛名的一位智者，希望他能找出一句最富哲理的箴言，能讓人勝不驕，敗不餒；得意時不會忘形，失意時不致悲傷絕望，始終保持着一顆平常心。智者答應了國王的請求，但希望把這句箴言刻在國王的寶石戒指之中，叮囑國王不到萬不得已的時候，不要輕易取出戒指上鑲嵌的寶石，否則刻在寶石下的這句箴言就不靈驗，失去意義了。

多年之後波斯國的大軍入侵希臘。國王率軍拼命抵抗，但最終還是戰敗了。國王只得帶着殘兵敗將，四處逃命。

有一天，為了逃避敵軍的追捕，他藏身在河邊的蘆葦草叢中。當他淘水解渴時，猛然看來了自己在水中的倒影，不禁傷心欲絕。誰能相信如今這個蓬頭垢面、衣衫襤褸、陷入絕境的逃難者，就是當年那個君臨天下、威風八面的希臘國君呢？

就在他掩面痛哭、欲投河自盡之際，他看到了自己手上的戒指，猛然想起了智者當年的話。他於是急忙除下戒指，摳下了戒指上的寶石，細心一看，只見寶石底下鑄刻了一句話：「這也會過去的」！

國王心中頓時一震，重燃起希望的火花。從此，他忍辱負重、卧薪嘗膽，重新招募散落於各地的舊部，東山再起。經歷了無數艱辛和不懈努力之後，終於趕走了波斯人，重建他的希臘王國。而當他重返王宮後，所做的其中一件事，就是把「這也會過去的」這句箴言鑄刻在象徵着王位的寶座上，並終身以此為訓。

佛教的「緣起觀」謂：「諸法因緣生、諸法因緣滅」。世間萬象的背後，都是有其因緣的；而因緣亦是隨着時空而變化的。這就是因緣生滅的道理。世間沒有永久的太平和幸福，也沒有永久的災難和不幸。一切苦難、一切逆境，包括肆虐人間近三年的新冠病毒，都是會過去的。

只要我們努力不懈地去改善背後的各種因緣，積極地去創造有利的條件，事物就會朝着有利的方向發展。例如，要對治疫情，我們就得研發有效疫苗，並廣泛接種疫苗。這也是人類過往對治天花、鼠疫、霍亂、傷寒等瘟疫的經驗。

做個善良的普通人

莫太太的女兒珊珊，在某中學唸初中，成績中規中距，不算突出。

這似乎成了莫太太的一個心結。每次和太太團或老同學閒聊時，別人總愛講自己家中的孩子如何如何優秀，如何考上城中名校，又如何不斷贏得各種獎項等等，炫耀一番。莫太太卻只能扮深沉，只有聽的份兒，羨慕得兩眼放光。

有一回，報上有則新聞：一位十四歲的少年被本地某著名大學破格取錄。莫太太頗有感觸地問女兒：「你怎麼就不是個神童呢？」

女兒笑了一笑，說：「因為我爸不是一位神父啊！」

莫太太無言以對，不禁也笑了起來。

那年的聖誕節，朋友們相聚，飯後閒聊，話題漸漸又扯到了各家的兒女去。有人建議要孩子們講講將來要做什麼。

醫生、律師、議員、會計師……孩子們一一講出他們的志願，贏得大家的一陣讚嘆！

輪到珊珊時，她認真地回答：我的志願是當個幼兒園的老師，領着孩子們唱歌、跳舞、遊戲。我還想做媽媽，穿上圍裙，在廚房做晚餐，然後給我的孩子講故事，帶他到陽台上看星星……。

朋友們有點愕然，禮貌地笑笑。回家後，莫太太嘆着氣問先生：「你真的打算讓女兒當個平凡的幼兒園老師？」

其實莫太太多年來也曾試圖用各種方法來提升女兒的考試名次，包括補習，提供各式各樣的模擬試卷讓女兒備試……等等，但效果似乎都不顯著。

翌年，放寒假前老師見家長時，班主任陳老師和莫太太分享了一件有趣的事。陳老師曾在作文試卷上添了一道附加題：你最欣賞班上那一位同學，請說出理由。除了珊珊本人外，全班同學竟然都寫上了珊珊的名字。理由很多：熱心助人、守信用、不會生氣、好相處等等；但寫得最多的是：樂觀幽默。陳老師還補充說：後來班長隨家人離港，因此要補選班長，結果大家推選了珊珊接任班長。

臨別時，陳老師語重心長地告訴莫太太：「珊珊儘管成績不算特別出色、特別優秀，但她待人接物非常棒，人緣也特別好，是個樂觀和快樂的好女孩。」

莫太太終於想通了。如果自己的女兒能夠健康快樂地成長，日後能成為一個熱心的幼兒園老師、賢淑的妻子、溫柔的母親、和善的市民，那又何必一定要揠苗助長，定要她當個英雄人物或社會精英呢？不妨就讓她做個善良的、快樂的普通人，那也很好啊。事實上，世間上有多少人，年少時曾渴望能成為這樣或那樣的英雄人物，最終還是成了煙火紅塵中的平凡人。

莫太太終於解開了自己多年的心結；人也變得舒暢多了。

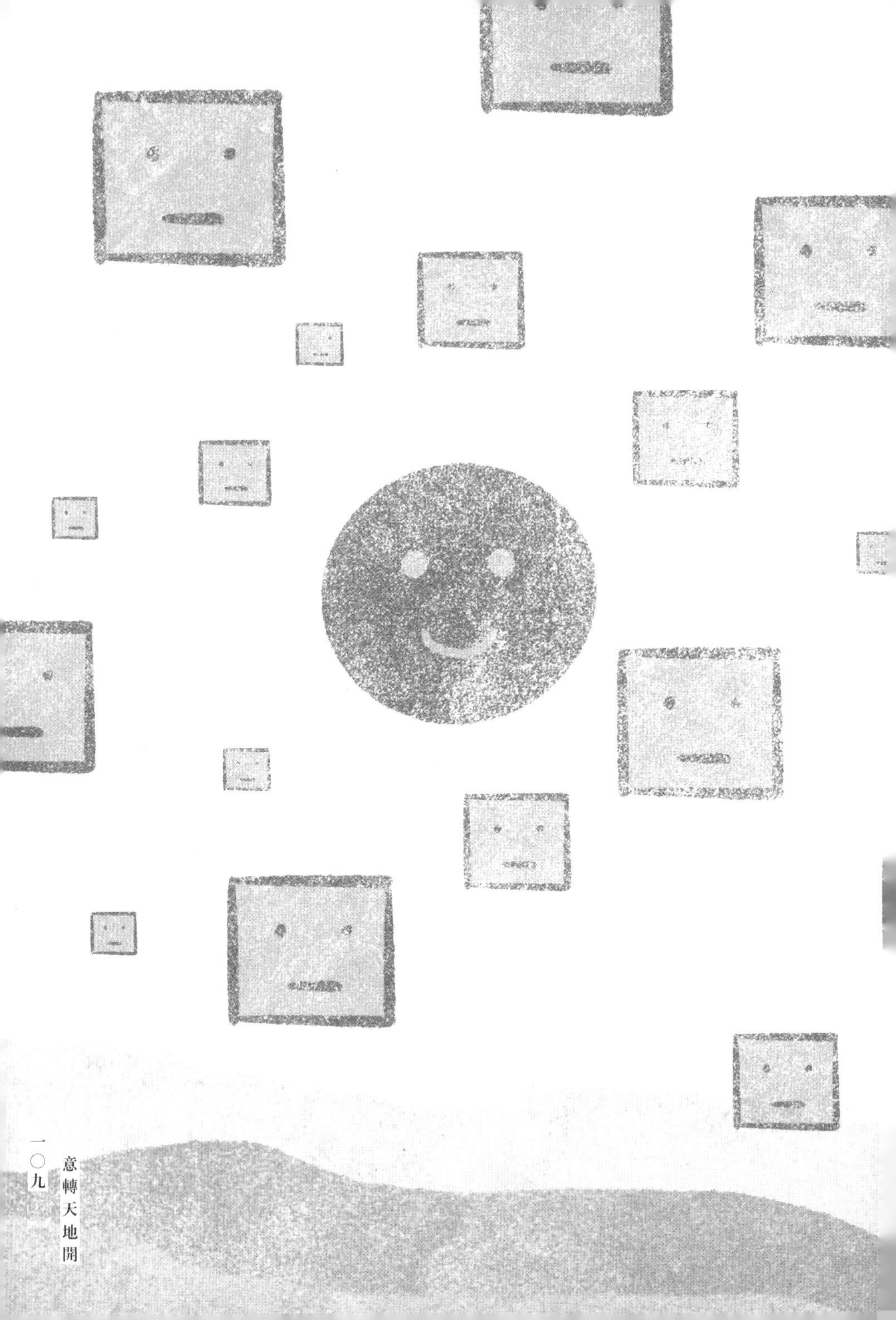

提前預支的煩惱

飛機正在雲端上飛行。機艙內，空姐微笑着給乘客們送上午餐。一位中年人悠閒地享用機上的美食，而鄰座的年青人卻皺着眉頭看着窗外的天空。

中年人友善地問他：「你為什麼不吃點東西？這頓飛機餐味道不錯呢。」

年青人別過頭來，有點尷尬地回答：「謝謝！你慢用，我沒有胃口。」

「是不是遇上不開心的事，影響了胃口？」中年人又問。

年青人有點無奈，說：「是的，有點麻煩事，因此心情不太好。」

「如不介意，不妨說說，看看我能不能幫你解憂？」

年青人看了看手錶，還有兩個多小時才到達目的地，那就聊聊吧。

「昨晚，我接到女朋友的電話，說有事要和我談談，我問她有什麼事，她說見面再說。」年青人解釋。

中年人聽罷笑了：「那你不用發愁呀！一會兒見了面不就清楚了嗎？」

年青人說：「我擔心的是我們的感情是不是出了問題，也許她想和我分手了。電話裏又不方便講。我昨天整晚都睡不着，似乎有種不祥的預感。你要是遇到這樣的麻煩事，估計你也會不開心的。」

中年人依然微笑着，說：「你怎知我沒有遇上麻煩事？我其實是去紐約打官司。我們公司被人告了，還不知道能不能勝訴呢！」

年青人不無疑惑地問：「但你看來一點都不着急，似乎還蠻輕鬆的。」

中年人又笑笑，說：「急又有什麼用？都要到埗以後才能處理。我也不知道對方的想法。我們可能會贏，也可能會輸。」

年青人不禁有點佩服這位前輩處變不驚，依然從容地享受午餐。不久，飛機到達了目的地紐約市。中年人在臨別時給了年青人一張名片，歡迎他日後聯絡。

幾天後，年青人按名片上的電話號碼，給中年人打了電話：「泰勒先生，謝謝你的開解！如你所料，沒有什麼麻煩。我的女朋友只是想念着我，想見見我而已。你的官司打得如何？」

中年人的笑聲爽朗：「和你一樣，沒有什麼大麻煩。我們已在法庭外和解；對方已撤銷訴訟了。我沒說錯吧，有些事不必太牽掛，提前預支煩惱亦無濟於事。」

和諧之美

臘鼓頻催，轉瞬又到了庚子年末；驀然回首，想起了多年前星雲大師曾給大家講過的一則歲末的故事。

話說在東方的某個國度，人們相信歲末會有四位老人家在夜間到訪，為每家每戶送上新一年的祝福。

就這樣，在歲末的一個夜裏，四位老人家來到了當地某戶的家門。戶主喜出望外，連忙請四位長者到家裏坐。其中一位老人家笑着向他解釋：「謝謝你！我們四個人，一位名叫『財富』，一位名為『平安』，一位名叫『成功』；而我是『和諧』。只是我們有個規矩。我們四個人，只能派一個人到你家。或許你先跟家人商量一下，決定請那一位進去。」

戶主太太最希望闔府「平安」。戶主本人則渴望「財富」。兒子明年考大學，當然希望「成功」。一番爭吵之後，家裏的小女兒不無感慨地嘆息：「還是一家人『和諧』一些較好」。十大以小為尊，大家最後同意了按小女兒的意見辦。當全家人一起邀請那位名叫「和諧」的老人家進屋時，奇怪的事發生了。其他三位老人家也接着進入屋內。四位老人家笑着向戶主一家解釋說：您們一家選了「和諧」，其實就等如同時邀請了我們四人；因為家裏有了「和諧」，就自然會有「財富」、「平安」和「成功」了。

二十世紀七十年代，英國歷史學家湯恩比（Arnold Toynbee）曾預測二十一世紀的人類社會科技非常發達，物質非常豐富，但競爭也越來越激烈，紛爭也越來越多。湯恩比因此建議：人類社會或可參考東方文明中的儒家思想與大乘佛教，以便在物質文明與精神文明中之間取得更好的平衡，讓大家都能過上更和諧、更稱意、更快樂的生活。

取捨惟善念

境由心生

某地有位木雕師傅，專長於雕刻佛像和菩薩像。省內的青田鎮新蓋了一座寺廟，於是慕名請他去雕刻一尊菩薩像。

雕刻師傅日夜兼程，抵達青田鎮前已是傍晚，還得越過一座山頭和一片密林才能到目的地。當地傳說這座山頭不時「鬧鬼」，曾有鄉民遇見過一隻極為恐怖的女鬼，至今仍有餘悸。當地一些好心人因此勸告師傅夜間不要翻越那座山頭。不過師傅一心趕路，沒有在意。

雕刻師傅在月色下匆忙趕路，路旁驀地冒出了一個女子，看似十分疲累的樣子，草鞋也磨破了。師傅宅心仁厚，得知女子也是要趕路去青田鎮的，於是自告奮勇，背她一程。月夜之中，師傅背着她走得汗流浹背。停下休息時，師傅偶爾看到路邊有塊大木頭，就拿出隨身攜帶的鑿刀工具，看着女子，一斧一刀地雕刻出一尊人像來。女子不無奇怪地問他在雕什麼。

「我在雕一尊菩薩像！」師傅心情愉快地說：「我覺得你的容貌很祥和，很慈悲，很像菩薩，所以就按你的容貌刻了一尊菩薩，日後或可以供青田鎮寺廟之用。」

女子聽了這番話，一時感觸起來，竟哭得淚如雨下，因為她就是傳說中的「恐怖女鬼」；多年前在山中碰到盜賊而不幸遇難，繼而化為「厲鬼」。正是這個滿腔怨憤的女子，萬萬想不到竟有人說她「容貌很慈悲，很像菩薩」。剎那間，女子化為一縷光芒，消失在月夜的幽谷之中。而從那天開始，再也沒有夜行旅人遇見傳說中的女鬼了。

境由心生，心中有菩薩，看到周邊的人也是菩薩。心中有鬼，則周邊的人也是鬼。

理直也可以氣和

珍珍在某茶餐廳當服務員，工作勤快，為人和藹，頗得客人和同事們的喜愛。

一天，一位客人點了一杯熱檸檬茶，一杯牛奶。沒有多久，忽然大聲嚷了起來：「喂！伙計！你過來！你過來！」

珍珍趕忙走到客人跟前。他指着面前的檸檬茶，一臉冰霜地喊道：「你看看！你們的牛奶是壞的，把我的一杯茶都糟蹋了！」

「真對不起！」珍珍笑着道歉，「我馬上給你換一杯。」

新的檸檬茶很快就準備好了。珍珍輕輕地把它放在客人面前。

客人喝了一口，漫不經意地又把旁邊的牛奶倒進檸檬茶裏，並用茶匙攪了幾下。

珍珍看在眼裏，在那客人耳邊低聲地說：「我是不是也可以向你提個小建議：茶裏如果已放了檸檬，就不大適宜再放牛奶了，因為有時檸檬酸會做成牛奶結塊。」

那客人的面紅了起來，匆匆地結帳便走了。

旁邊有位熟客看在眼裏，笑着問珍珍：「明明是他老土無知，你為什麼不直說呢？他這樣粗魯地呼喝你，你為什麼不還以顏色呢？」

「正因為他無知又無理，所以才要用些較婉轉和氣的方法應付。道理其實一說就明白，用不着大聲喊叫。」

是的，有句話，叫「理直氣壯」。日常生活中，有時卻會見到有些理並不直的人，經常靠大聲呼喝，靠「氣壯」來壓人。理直的人，自然會有充足的自信，不必靠「氣壯」來壯聲勢，壓倒別人。我們如果能做到「理直氣和」，和氣地跟別人解說，效果可能會更好。在日常生活中，乃至在事業上，「理直氣和」能讓人廣結善緣，因而得到更多的朋友，更大的成就。

飛翔的天使

某大學醫學院的應屆畢業生慧儀，和她的同班同學莉莉，一起被分配到一家大醫院實習。按兩人的專業志趣，兩人都被安排在婦產科實習。

實習期將要屆滿時，一個殘酷的現實擺在兩人面前：這家醫院的名額有限，只能選擇留用其中一人。兩人的學業成績和工作表現都很不錯，難分伯仲。院方一時間也無法作出取捨。

這天，兩人同時接到一個緊急通知：一名產婦馬上就要生產，由於身體情況頗為複雜，醫院需要立刻派人前往她家中搶救。兩人匆忙地上了救護車。同時一起出發的還有醫院的副院長、婦產科的顧問醫生和兩名護士。慧儀和莉莉當下都明白，這將會是個難得的學習機會。

產婦住在頗為偏僻的郊區，救護車到達時，產婦已痛得滿頭大汗。醫護人員經過初步診斷後，七手八腳地把她抬上了救護車。這才發現了一個問題：車上已經擠滿了人，產婦的先生上不了車。可大家都知道，產婦到了醫院後，的確需要親屬辦理一些法定的手續。

這當兒，慧儀突然跳下車，並示意產婦的先生快上車。救護車風馳電掣地開往醫院。等慧儀找到了計程車，匆忙趕回醫院時，已經是一個多小時之後的事了。她向副院長報到時，副院長微笑着問她：「剛才你為什麼跳下車去，錯失了這個學習的機會呢？」

慧儀抹了抹額頭上的汗水，說：「當時車上已有多位醫生和護士了，缺少了我也不會影響搶救的工作。但如果沒有了病人家屬一起到醫院，那很可能會引至諸多的不便和延誤啊。」

三天後，院方正式公佈留用慧儀。院長向大家解釋：「三天前的那一場急救是一次場意外的考核。它讓我們看到：天使之所以能夠飛翔，是因為她把自己看得比較輕。這也反映了我們醫護人員無私無我、服務大眾的精神。」

戰爭與和平

加拿大多倫多市郊某條街道上住了兩名叫阿祖和阿積的鄰居。他們都是來自東歐前南斯拉夫的移民。阿祖一家來自克羅地亞（Croatia），阿積一家則來自塞爾維亞（Serbia）。儘管都來自前南斯拉夫，兩族之間矛盾甚深，時有衝突。影響所及，阿祖與阿積之間的關係亦欠佳，甚少來往，仿如陌路。

某年的初夏，阿祖一家因事回鄉探親兩星期。一天傍晚，鄰居阿積在自己的後院剪草時，注意到阿祖家後院的草已長得極長了。這不啻是讓人知道阿祖他們並不在家。在當地，這有可能導致夜盜入戶的危險。阿積猶豫了好一會兒，終於忍不住走過去把阿祖後院那塊長得如野草一般長的草坪剪好了。

幾天之後，阿祖一家回來了。沒多久，阿積就看到阿祖在街上走來走去，在每家門前都停留過。最後，阿祖也來到阿積家敲門。阿積開門後，阿祖滿面詫異地問：「請問是你幫我剪了草嗎？我問了其他鄰居，他們都說沒有幫我剪，有人說是你做的，是真的嗎？」

「是的，是我剪的。」阿積一邊回答，一邊擔心因此會被責罵一番。

阿祖遲疑了片刻，最後用極低的聲音忽忽講了句多謝後就走了。

這件事之後，阿祖和阿積兩家人之間終於打破了冷戰的狀態，關係逐步有所改善。彼此見面時會微笑問好。他們的後院，也從昔日的戰場，變成了今天的非軍事區，乃至和平區。又過了一段日子，他們還會在那裏一起喝杯下午茶，或喝啤酒聊天呢。

人類歷史上的許多戰爭，其實都是由誤解和嗔心所引致的。善意與善行，有時能化解敵意與仇恨，帶來和平與歡樂。克羅地亞人和塞爾維亞人其實都是公元七世紀遷移入巴爾幹半島的斯拉夫民族，同根同源。希望他們日後也能如阿祖和阿積那樣，逐步消除隔膜與仇恨，恢復兄弟情誼。

吃剩的食物

某個星期日的下午，一位年輕的媽媽，帶着一個五六歲的小男孩，來到了一家漢堡包店。母子倆分別點了成人和小朋友的漢堡餐外賣，準備拿回家享用。母子倆就在服務台附近找了張桌子，坐下來等取外賣。

這時，一位穿着破舊衣服、長頭髮、瘦削的流浪漢走進了店。

他低着頭，慢慢地走近一張杯盤狼藉的桌子，細心檢視客人吃剩的食物，然後從桌上捏起幾條早已冷卻了的薯條，放進嘴裏。

小男孩看在眼裏，低聲對媽媽說：「媽，那人在吃別人留下來的東西！」

媽媽也低聲說：「他沒錢買，可是肚子又餓，只好吃別人剩下的東西。」

那當兒，流浪漢也看到母子倆，似乎有點尷尬，向小男孩點頭笑了一下。他那原先冷漠的面孔，彷彿一下子變得和藹可親了。

漢堡包店的服務員這時給母子倆送上了他們點的外賣，把大紙袋交給媽媽，小紙袋交給男孩。

母子倆提着食品走到門口時，小男孩忽然打開紙袋，很快地拿出熱騰騰的漢堡包咬了一小口，又吃了兩條薯條，接着跑回店內，把他的小紙袋食物放在流浪漢傍邊的桌子上，然後有點害羞地點頭笑了一笑。隨即向門外奔去。

那流浪漢顯然有點驚訝，看看桌上那包留下來的食物，目送小男孩直奔回媽媽的身傍。

一瞬間，孩子隨媽媽走遠了，只留下他那赤子之心，和天使般的笑靨。

活在當下

廣州南站的詢問處，每天都擠滿了來自各地的旅客，查詢有關往返各地的高鐵列車班次的資訊。有些心急的旅客為了要趕時間，偶爾還會打尖擁到服務台前，爭先恐後地發問。

儘管工作壓力不小，然而服務台後面那位服務員小姐看起來卻一點都不緊張。她眉清目秀，端莊而大方，說起話來從容不迫，十分淡定。

這當兒，在她而前的旅客是一位老太太，還帶着一個七八歲的小孫女。

只見在服務台當值的那位年青的服務員集中精神，問老太太：「請問您要去哪裏？有什麼問題嗎？」

就在此時，有個穿着T恤牛仔褲的年青男人擠到前面，試圖搶先發話。但是，服務員沒有管他，只是繼續問老太太：「請問您想去那裏？」

「紹興。」

「是浙江的紹興？還是廣東的肇慶？」

「是浙江的紹興。」

服務員根本沒有看行車的時間表，脫口而出說：「下班去杭州的列車，將於二十五分鐘後開出，在第十五號月台登車。你不用急，時間還來得及。到了杭州後，再轉乘往紹興的列車。」

「你是說十五號月台嗎？」

「是的，往右邊去，就是驗票口，進去後可找到十五號月台登車。祝旅途愉快，一路平安！」

老太太和小孫女離去後，服務員隨即把注意力轉移到下一位客人，即那位穿T恤牛仔褲的年青男人，專心解答他的問題。

有人問這位服務員：「在人潮洶湧的情況下，你如何保持冷靜從容呢？」

服務員回答：「我並沒有和人潮打交道。我只是集中精神，單一地處理一位旅客的問題，忙完一位，才換下一位。每一個當下，我只專心為一位旅客服務。」

每次只做好一件事；一心一意、心無旁騖，專注地把眼前這件事做完做好，放下後再做下一件事。這就是活在當下的真義。

售票窗前

多年前僑居多倫多時，孩子們對聖誕節的期盼包括了聖誕老人和親友們送的禮物。他們還希望在聖誕假期前，能被父母帶去湯遜劇院，欣賞一場應節的芭蕾舞劇「胡桃夾子」（Nutcracker）。這是由柴可夫斯基作曲的著名芭蕾舞劇，主題正是玩具和聖誕禮物，因此特別受到孩子們的歡迎。看過舞劇後，聖誕假期就正式開始了。

那天，我的一位朋友也帶着家人，冒着寒風，到湯遜劇院前排隊購買「胡桃夾子」的票，以便進場欣賞。隊伍頗長；排在他前面的有一位中年的父親，領着六個十二歲以下的小孩。他們穿着的都是較便宜的衣服，看來雖然並不富有，但也整齊清潔。孩子們舉止都很乖巧，看來正開心地等待進場看他們最喜歡的「胡桃夾子」。在他們和我的朋友之間，還有一位溫雅的女士，領着一位約十歲的女孩。

終於輪到這位父親買票了。

售票員禮貌地問他：「請問你共需要多少張票？」

這位父親神氣地回答：「請給我六張小孩和一張大人的票。」

售票員於是向他報了七張票的總價格。

這位父親聽了以後，嘴唇一下子顫抖起來。他傾身向買票窗口，問：「你剛才說是多少錢？」

售票員又禮貌地再報了一次價。

這位父親的錢看來並不足夠。但他怎能轉身告訴那六個興致勃勃、充滿期盼的孩子們呢？

排在他身後的那位女士目睹了一切。朋友見到她隨即悄悄地把手中的一張一百元加幣掉在地上。然後，她蹲下身來，撿起鈔票，輕輕地拍拍那位父親的肩膀，說：「對不起，先生，這是從你口袋裏剛掉出來的，請你收回。」

那位父親當然心知肚明。他並沒有乞求任何人伸出援手，但深深地感激有人在他快要絕望和困窘的時刻，幫了個大忙。

他直視着那位溫雅女士的眼睛，嘴唇在發抖，深情感激地說：「謝謝你！夫人，這對我和我的家人意義極之重大！實在非常感恩！」

朋友後來跟我分享了這個小故事，並說那是整個冬天裏最暖心的故事，比「胡桃夾子」更令人難忘。

分別心

美國南部某城市毗鄰有個小鎮；鎮上的居民多為黑人。每天早晨，小鎮上有不少人需要乘坐巴士去市內上班。大約每十五分鐘會有一班巴士從鎮中開出，往市中心區去，原意就是為了方便鎮中的居民往市內上班。

那年頭，種族歧視比較普遍。連鎮上的巴士司機們都受到影響。他們之間似乎有個默契：有白人等車才會停站；如果沒有白人等車，他們就不會理會等車的黑人，乾脆飛站，揚長而去。

小鎮上有家方便店。店主是位白人老太太。她知道了巴士飛站的情況後，十分關注。為了能讓黑人乘客們登上巴士，她於是每天早上都會來到巴士站，和黑人乘客們一起等巴士。

她總是站在候車人群中最前面的位置，以便巴士司機能看見她這個白人。等到巴士停站、所有的黑人順利上車之後，老太太才轉身往回走，去照顧自己的方便店。

就這樣，老太太每天都會去巴士站，從不間斷。有一天，老太太發高燒，但她仍堅持來到巴士站，結果在候車時昏倒了。

老太太生病的消息，很快就傳遍整個小鎮。鎮上數百市民都聚集在醫院門口，默默為老太太祝福，不肯離去。

有位記者看到了這感人的場面，於是在當地的報紙上報道了。事件隨後傳遍了美國。不久，國會通過了一條新的法律：巴士服務期間，巴士司機每到一站必須停車，不得飛站或拒載，否則將被罰款或判處監禁。

眾生平等，願天下間不再會因膚色而起分別心。

授受平等

王先生每天工作時間頗長。忙累了一天之後，他偶爾會去吃點宵夜，輕鬆一下。他宵夜的至愛是一碗潮州牛丸粉，特別喜歡光顧街尾的一家河粉店。

河粉店的東主是一對中年的夫婦，待人接物非常友善，服務十分周到，因此有不少熟客常來光顧，包括王先生。

王先生晚上來光顧的次數多了，注意到店外經常有一位衣着破舊的老人站在一旁，靜靜地等候。

店主夫婦倆見老人來了，一邊忙着手中的活兒，另一邊面帶微笑、客氣地對老人說：「老人家，麻煩你稍候片刻，馬上就準備好了。」

不一會兒，夫婦倆人的一個，就會麻利地把煮好的牛丸河粉放進膠碗內，打好包後再遞給老人，同時提醒他：「小心別燙着！」

老人伸出顫巍巍的枯手，接過河粉，然後默默地轉身走了。王先生注意到，他似乎從沒有付過錢……

有一次，王先生吃完宵夜後和店主夫婦閒聊，提起了那位老人家。店主的太太嘆了一口氣，說：「那位老人家也真是命苦，好不容易把兒女養大了，都往外邊跑，就剩下他一個人，生活也頗拮据。儘管我們並不富有，但只要見到老人家來了，送上一碗河粉也是應有之義。」

王先生看到店主太太的臉上流露出一點內疚的神色，似乎是為了只能提供區區一碗河粉而歉疚。一直以來，王先生亦注意到店主夫婦倆對老人就像對其他老顧客一樣，毫無一絲高高在上，施捨與別人的意味。授與受兩者之間，看來完全平等，是真正的無相布施。

給人希望

一位年青的母親第一次參加家長會時，幼兒園的老師對她說：「你的兒子有過度活躍症，連五分鐘都坐不住。」

儘管她有點心酸，但回家後還是跟兒子說：「老師說你進步了，原來在板櫈上坐不了一分鐘，現在能坐三分鐘了，真好！」

那天晚上，孩子破天荒地自己喂自己吃晚飯；吃完後還自己清理桌子。

兒子上小學了。

某次家長會上，老師說：「全班四十名同學，你兒子考試排第三十九名。我們懷疑他有點智障。」

當晚，母親對兒子說：「老師說你有潛質，只要能再用功一點、細心一點，成績一定會比許多同學還要好。請你加油！」

她發現，兒子原本黯淡的眼神，一下子有了些光彩。第二天上學時，兒子比平時早了十五分鐘。

中學時，又一次家長會。

兒子第一次沒有被排在成績偏差的學生名單中。

老師告訴她：「按你兒子現在的成績，要考入大學很有難度。」

她回家後告訴兒子：「學校對你的不斷進步，很是讚賞，並說只要你繼續努力，就有希望能升上大學。」

高考放榜了，兒子考上了名牌大學他最心儀的課程。家人祝賀他時，他忽然抱着母親哭起來。

「媽，我知道我不是一個聰明的學生，這個世界上，就只有你欣賞我，不斷鼓勵我。如果沒有了你的鼓勵，就沒有今天的結果。」

欣賞是一種給予，一份信賴和祝福，可以起到點石成金的作用。而渴望被人欣賞，是人的一種基本精神需求。有時候，一句鼓勵的說話，或一聲由衷的讚嘆，能改變一個人的命運。

烏班圖——樂與人同

有個美國的旅行團到南非旅遊，來到了一個土著部落祖魯族（Zulu）的村子參觀。村裏的孩子們也出來湊熱鬧，嘻嘻哈哈地逗着玩。

有位遊客看見孩子們天真可愛，於是把一小籃早前買的橘子放在一棵樹下，跟孩子們說：「你們一起從這裏跑到樹下，那一位跑得最快，就可以贏得樹下的一籃橘子了。」

接着，遊客大喊一聲：「開步跑！」

讓遊客大感意外的是：孩子們並沒有爭先恐後地競跑，而是大家手牽手一起往前走。大家一起到達樹下，平分了樹下那一籃橘子。

遊客大惑不解，於是問孩子們為什麼不來個競跑？勝者就可以取得整籃橘子了；那不是更好嗎？

孩子們用祖魯語回答：「Ubuntu！烏班圖！」

在旁的導遊解釋說：「烏班圖！Ubuntu 是本地語，也是一種傳統的價值觀，意思是：我的存在是因為大家的存在。如果大家爭先恐後地去搶奪那籃橘子，結果就只有一個人成功，一個人快樂，其他人不快樂。現在他們平分了橘子，每個人都快樂。他們認為這樣更好。」

遊客聽了，若有所思，半响不語。他原以為自己來自一個文明的社會，來到非洲這些窮地方，心底多少有份文明優越感。現在看來，到底是誰比誰更文明呢？我們習慣了個人主義的價值觀，凡事以自己的最大的利益為依歸。烏班圖讓我們反思一下，個人利益與整體利益之間是否可以有個更好的平衡？我們畢竟是同一個地球村的人。歷史證明，一旦瘟疫如西班牙流感或新冠病毒來襲時，人類社會廣受肆虐、休戚與共。大家如能同舟共濟，當有利於早日克服疫情，回復正常生活。

父親的兩碗飯

這是一位來自農村的同學給我講的故事。

小戴從小在農村生活。他的父親是位地地道的農民，對待莊稼有一份特別的珍惜和敬畏。但是有一件事，卻讓兒時的小戴不大理解。

每次莊稼收割後，父親總會在農地裏留下一些稻穀。

初時，小戴以為是父親不小心遺漏的，便主動地提醒父親。父親卻說：「別管了，就讓它們留在那兒吧！」

後來，小戴才明白，那些稻穀是特意為雀鳥們留下的，是牠們安全過冬的保障。

小戴的父親精於耕作，莊稼因此常常能獲得豐收。

有一年，鄰縣因天災而糧食欠收。一些村民不得不外出另謀生計。

那段日子，小戴的父親總會在自己的院子外面掛一個竹籃。籃子裏面有時放着幾個饅頭，有時是幾個煮熟了的紅薯或馬鈴薯。

「把食物放在外面，不怕別人偷了去嗎？」小戴疑惑地問。

父親搖搖頭，笑着說：「為了填飽肚子而伸手的，那不算偷。我們把食物放在外面，就是為了能讓過路的外人填一填肚子。如果能吃飽飯，誰願意離鄉別井呢？」

有一次，小戴透過窗戶看到一個衣衫襤褸、風塵僕僕的路人拿起了籃子裏的饅頭，狼吞虎咽地吃完之後，朝着他家的屋子深深地鞠了一個躬，然後才離去。

多年後，小戴要出外讀書了。年事已高的父親臨別時告誡他：「人要活得善良一點、大氣一點。假如你家中有兩碗飯，一碗自己吃，另一碗要分給那些與你在人生路上遇上的，但可能跟你毫不相干的人吃。」

這句話，小戴畢生銘記着。他明白，父親的「兩碗飯」哲理，不僅僅是出自一顆善良的心，也是一種人生的境界。它反映了中國傳統文化中一個重要的價值觀：「己達達人」、「兼善天下」。佛家講的「無緣大慈、同體大悲」乃至道家提倡的「齊同慈愛、異骨成親」，與父親的「兩碗飯」理念基本上相同。如用現代語言演繹，那就是「關愛別人」。

海難的故事

老師給同學們講了一個有關海難的故事。

「一艘郵輪不幸遇上海難，快要沉沒了。郵輪上有一對中年夫婦，好不容易擠到了救生艇前，但救生艇上只剩下一個位子了。這當兒，先生把太太推向身後，自己跳上了救生艇。太太在漸漸沉沒的大船上，向先生喊出了一句話……」

故事說到這裏，老師問同學們：「請你們猜一猜，這位太太會喊出什麼話？」

同學們群情激憤，爭先恐後地說：「我恨你！我這一輩子嫁錯人了！」

這時，老師注意到有位女同學一直沒有發言，就走前向她發問。這位同學低聲地說：「老師，我認為那位太太可能會喊：照顧好我們的孩子！」

老師點了點頭，問：「你以前聽過這個故事嗎？」

女同學搖了搖頭，說：「沒有，但我母親去年因病去世前，就是這樣對我父親講的。」

老師不無感慨地道：「怪不得。」接着把故事說下去：郵輪終於沉沒了。先生回到家裏，獨自帶大女兒。多年後，先生病故，女兒在整理遺物時，發現了父親的日記。

原來，當年父親和母親乘坐郵輪時，母親已患上了絕症。父親陪母親出遊，原希望一起度過一些美好的最後時光，但不幸遇上海難。關鍵時刻，父親衝向了那唯一的生機。他在日記中寫下：「我多想和你一起沉入海底，可是我知道我不能。為了女兒，我只能忍着巨大的傷痛和無奈活下去。」

故事講完，教室裏沉默了。老師知道，同學們已經聽懂了這個故事：世間的善與惡，有時錯綜複雜，難以分辨。因此凡事不要只看表面，也不可輕易論斷他人。

有些喜歡主動埋單的朋友，不是因為錢太多，可能是因為把友情看得比金錢重要。

有些願意多幹活，工作上較主動的員工，不是因為傻，可能是因為他們較有責任感，做事較有承擔。

吵架後先道歉的人，不一定是因為錯了，可能是更懂得珍惜身邊的人。

一行禪師鼓勵我們耐心地諦聽，多理解別人內心的煩惱和痛苦，但不要帶批判地諦聽。這樣，我們內心就自然會生出慈悲，不再怪罪別人的行為。帶着慈悲去聆聽別人的傷痛，就有如在傷口上敷上特效藥。

常懷感恩心

美國某大城市有一位資深的電腦程式員，名叫史蒂文斯。有一天，他長期服務的軟件公司突然倒閉了；他也失業了。他家中剛添了第三個小寶寶，生活的擔子不少，因此他必須盡快再找到工作。

那天，他在報上看到一家軟件公司招聘程式員的廣告，待遇也不錯。他於是拿着履歷，滿懷希望地趕到該公司，發覺應聘的人數也很多，看來競爭將會十分激烈。經過初步交談後，公司通知他一個星期後參加筆試。

憑着多年累積的專業知識和經驗，他輕鬆地過了筆試這一關，兩天後面試。

出乎他的意外，面試的焦點不是他過往的工作經驗，而是關於軟件工業未來的發展方向。這些問題他畢竟從未認真思考過。因此，他答得有點狼狽；公司人事部也隨即通知他應聘未能成功。

儘管如此，他覺得公司對軟件工業的未來發展，令他耳目一新，開了眼界。他覺得有必要給公司寫封信，以表感謝之情。於是立即提筆寫道：「貴公司花費了人力、物力，為我提供了筆試、面試的機會。我雖然落選，但在應聘過程中長了見識，獲益良多。衷心感謝你們的付出和為我提供的教益。謝謝！」

這封信轉到了公司的總裁辦公室。總裁看了信後，默默放在他的人事檔案內。

三個月後，聖誕節來臨前，史蒂文斯先生收到了該公司的聖誕卡，內附有一封信函：「親愛的史蒂文斯先生，如果你願意，請和我們共同邁進新的一年。」

原來公司又出現了新的空缺，總裁想到了懂得感恩的史蒂文斯，並誠邀他加盟。

這家公司，就是美國微軟公司。十多年後，史蒂文斯先生

憑着出色的工作表現，成為了公司的副總裁。他的故事告訴我們：人生路上，如能以感恩的心態面對一切，即使遭遇上逆境或失敗，前途也會變得異常精彩。時時懷着一顆感恩的心，最大的得益人不是別人，而是自己。

送暖人世間

爺爺新年好

有朋友今年在珠海過年。春節期間，某日外出，走上了一座行人天橋。橋上有個乞討的老人，坐在一旁等人施捨。這時，迎面走來一家三口，是一對年輕的夫婦和一個約五六歲的小男孩。

小男孩經過老人身邊時，突然轉身拱手向老人說了一句「爺爺新年好！」

老人當下有點驚愕，隨即開心地笑了起來，並從他面前的錢堆裏挑了一張面額最大的五元紙幣，裝進一個紅色的利是封內，遞給小男孩。

小男孩並沒有馬上收下老人的利是。他把頭轉向媽媽。媽媽點了點頭，示意他收下，並且馬上回了一封二十元的利是給老人家。

在這個生活小片段裏，小男孩給老人拜年，反映了他的童真。老人儘管窮困，可沒有忘記長輩應給孩子封利是的禮數。小男孩的媽媽馬上回贈利是，也反映了她的善心。行人天橋上短短的一剎那，平凡的一幕，凸顯了人性的真、善、美。三個人都在布施；小男孩布施的是關愛長者的一片善心；老人布施的是對後輩的讚賞；孩子媽媽布施的是對貧困老人生活的一點關愛和心意。

日常生活中，布施不僅是大額的捐款，像小男孩的一句「爺爺新年好」就是很能讓老人暖心的愛語布施。窮困老人給小男孩封利是，無疑是鼓勵與讚歎的布施。小孩媽媽的回贈利是，則是善意的布施。我們其實每天都有機會踐行這些布施；關鍵是我們是否願意把握好這些機會而已。

給人出路

大家可能聽過：非洲東部索馬里的海域，過去經常有海盜出沒，不但上船搶劫，還會不時扣押商船，劫持人質，索取贖金。

值得慶幸的是，海盜事件近年已極少在新聞報道中出現，似乎是銷聲匿跡了。

原來日本有位企業家，開設「壽司三昧」連鎖壽司店的木村清先生，用和平的方法解決了這個問題。

日本是金槍魚（又稱鮪魚，香港一般稱為吞拿魚）的消費大國，而索馬里海域是金槍魚的優良漁場。過去，因海盜猖獗而令漁船敬而遠之。木村清有個大膽的想法：僱用索馬里海盜捕金槍魚，讓他們改務正業，同時亦讓自己的壽司生意有個穩定可靠的金槍魚貨源。他竟然成功了。

據聞，木村清當年與海盜頭子有以下的一段對話：

「我需要上好的金槍魚，你們索馬里有這樣優良的漁場，為什麼要做海盜呢？」木村問。

「我們以前也是漁民，內戰令我們沒法再打魚，只好做海盜謀生！」海盜頭子回答。

「那你們幫我捕金槍魚，我給你們合理的酬勞過活，可以嗎？」

「沒有漁船啊！」海盜頭子答。

「我可以提供漁船。」木村說。

「可是我們的捕魚技術也落後，收獲不多。」

「不要緊！我也可以請專人教授大家最先進最高效的捕魚技術。」木村補充說。

「捕魚後也沒有冷庫保存啊！」

「我來修建冷庫，包銷漁獲。」

「那就這樣定了！我們改行，幫你打魚去。」海盜頭子承諾。

雙方的合作方案落實後，索馬里海域的海盜事件終於得以解決。給人一條出路，有時是解決難題的一個重要條件。

應當如是

某超級市場同時聘用了兩位年青人，起步工資相若。沒有多久，年青人甲不時獲得升職加薪，而年青人乙則仍在原地踏步。乙當然感到很不公平，極不滿意，於是找機會向經理申訴。

經理聽完了乙的抱怨之後，微笑地回應：「這樣好不好？你今早去菜欄走走，看看朱大媽今天賣什麼。」

乙走了一遭，回來跟經理說：「朱大媽今天賣紅蘿蔔。」

「有多少貨？」經理追問。

乙於是趕緊又跑去菜欄，然後回來告訴經理：「一共是四十袋紅蘿蔔。」

「售價是多少？」經理又問。

乙第三次跑去菜欄問價錢，回來再報給經理知悉。

「好的！」經理對他說：「現在請你安坐一旁，看看甲又會怎樣做。」

甲很快從菜欄回來了，回覆經理說：「朱大媽今天賣紅蘿蔔，一共四十袋，售價是十元一袋。紅蘿蔔的質量很不錯。」他帶回來一個樣本給經理看看，又說：「朱大媽後來又搬來了幾箱蕃茄；價錢也非常公道。昨天，我們的超市蕃茄賣得很好，存貨已不多了。」他估計這樣價廉物美的蕃茄，經理很可能會入些貨。因此，他不僅帶回了幾個蕃茄樣本，而且把朱大媽也請來了。朱大媽正在外面等着回話呢。

此時，經理轉身對乙說：「現在你明白為什麼甲的薪水比你高了吧！」

人生路上，每個人的成敗得失，其實都是有其原因的。我們只要細心想想，應能找出這些原因，因而就不會覺得奇怪，並且會得出「應當如是」的結論了。

牆上的咖啡

多年前的某一天，我和親友在洛杉磯市郊區的一家咖啡店閒坐，品嚐馨香馥郁的咖啡。店裏這時進來了一位客人，就坐在我們鄰近的那張桌子旁。他向服務員說：「兩杯咖啡，一杯貼牆上。」

我當時覺有點奇怪。沒多久，服務員端了一杯咖啡上來。那位客人喝畢卻付了兩杯的錢。他剛走，服務員就把一張卡紙貼在牆上，卡紙上印了一杯咖啡的圖片。

一會兒，又進來了兩位客人，點了三杯咖啡，兩杯放在桌子上，一杯貼在牆上。他們喝了桌上那兩杯，卻付了三杯的錢，然後離開了。服務員又像剛才那樣，在牆上貼了張卡紙；卡紙上同樣地印了一杯咖啡的圖片。

似乎咖啡店的一些熟客們都熟悉這樣的一個做法，只是我們覺得有些奇怪和不解。

約一星期後，我們又有機會光顧這家咖啡店。

當我們正在享受咖啡和小點心時，店裏進來了一位老人家，身上衣着有些破舊，看來是一位較為貧窮的長者。他坐了下來，看着牆上，然後低聲說：「想要牆上的一杯咖啡。」

服務員以一貫的服務態度，很有禮貌地、笑容可掬地給他端上了一杯咖啡。

此時，我們終於明白了。這家咖啡店的一些熟客們對貧困人士的關愛實在令人動容。誠然，咖啡並是不是生活的必需品，但當我們享受美好的東西時，是否會想到有些人也可能會喜歡這樣的東西，但卻無力支付？貼在牆上的免費咖啡，讓他們無須降低自己的尊嚴，也能享用這杯咖啡。

多付款的那杯咖啡，原來叫「待用咖啡」。你付錢了，但並不知道誰會享用它。

這就是有愛的世界，有溫暖的人間。

希望在人間

中國西部山區裏有位老郵差，他每次送信，都要踏遍漫長而崎嶇的山路。有時走上大半天，才在大山裏找到一戶人家、或一個小山村，送上遠方的來信。每次由出門到返抵家門，都要花上大半個月的時光。為了減少旅途中的寂寞，老郵差帶上了一條忠心的狗兒作伴。

就這樣，老郵差走了幾十年的山路，送了幾十年的信。人老了，終於要退休了。由於找不到其他人來接班，當地郵政局聘用了老郵差的年青兒子來繼承這份差事。於是，老郵差在退休前，帶領兒子走一遍山區裏的路，讓他熟悉路況和沿途的各戶人家。

父子倆背上郵包，帶上狗兒，一路上登山涉水。老郵差沿途給兒子介紹大山裏的每一位收信的客戶，以便兒子日後接好班。

有一天，父子倆走到一個偏僻的山頭，給一位獨居的老婆婆送信來了。老婆婆的眼睛多年前已瞎了。她有個在南方打工的兒子，因此總是期待着老郵差每次到來時能給他帶上兒子的片字隻言。這也她是孤獨而貧困的生活中最大的盼望了。老郵差從口袋裏掏出了一張紙，煞有介事地唸給老婆婆聽，大意是兒子在南方工作很忙，暫時未能抽空回來看老母親，請她多多保重。末了還附上二十塊錢給她作生活費。

父子倆離開了老婆婆家後，兒子按不住心頭的納悶，問老郵差：「爸，明明是一張白紙，你怎麼故弄玄虛，騙那老人家呢？」老郵差微微笑，鄭重地答：「你試想想，如果沒有了那封編造出來的南方來信，老人家的日子還有指望嗎？我希望你接班之後，日後仍能為老人家帶來一絲希望。」

人間自有真情在

二十世紀初，日本有一家人移民到美國的舊金山。他們在灣區買了一塊地做苗圃，種植玫瑰花；每個星期三都開小貨車送鮮花到市場上售賣，生意也不錯。

不久，一個來自芬蘭的移民家庭搬到了他們的隔壁，並成了他們的好鄰居。這家人也在自己的園子裏種植玫瑰花，送到市場上去賣，生意也很好。

兩家人做了四十多年的鄰居，相處一直十分融洽。父母輩老了後，兒女們繼承了他們的種花業務。

一九四一年九月，日本偷襲珍珠港後，美國向日本宣戰；同時公佈了《戰時安全法》，拘留在美國的日本僑民。這家日本人也不例外，被遣送到美國科羅拉多州的一個集中營去。遣送前夕，芬蘭籍鄰居前來探望他們，請他們保重，並說：「我們會照顧好你家的苗圃，請放心。」

這以後的三年多，芬蘭籍鄰居一家一直為照顧好兩家的大苗圃而辛勤勞作，有時一天工作十五六個小時……

一九四五年五月，二戰終於結束了。這家日本人也被釋放回家了。當他們回到舊金山火車站時，手捧着鮮花的老鄰居一家人滿面笑容地前來迎接他們。到達家門時，這家日本人發現，他們的苗圃仍然像當年那樣絢爛。玫瑰花鮮艷如昔；無數蜜蜂正忙於在花叢中飛旋採蜜。

他們的家中仍然是當年那樣一塵不染，在餐桌上還有一大束含苞待放的紅玫瑰，散發着醉人的幽香。

等他們安頓下來後，老鄰居又把過去三年多賣花所得的利潤，悉數交還給他們，讓他們感動得熱淚盈眶。老鄰居從來沒有當他們是戰爭中的敵人，只當他們是摯愛的鄰居和好友。人性中，難能可貴的正是這份超越種族仇恨的慈悲心，讓我們在最黑暗的戰爭歲月中仍然看到真愛的光芒。

媽媽終於回家了

摯友志偉的妻子愛珍是冬天去世的，她患上嚴重的白血病，只在醫院裏挨過了短短的三個月。

志偉送她回家過最後一個聖誕。她收拾屋子，整理衣物，離家前還帶走了自己所有的照片。後來要和女兒分手了，一歲半的女兒雯雯吃驚地抬起頭望着母親：「媽媽，你要到哪裏去？」

「我的寶貝。」愛珍跪在地上，把女兒抱住，「再跟媽媽親一親，媽媽要出國公幹了。」

母女倆臉貼着臉，愛珍的臉頰上留下兩行淚水。

愛珍辭別人世二十多天後，從海外寄來了她的第一包家書，信封上貼着郵票，不加郵戳，只有背面註有日期。志偉按照這個日期把信拆開，唸給女兒雯雯聽：「心愛的寶貝：你想媽媽了嗎？媽媽也想你，每天都想。媽媽在美國出差，還要過一段日子才能回家。我不在的時候，雯雯要聽爸爸的話。」

這些信整整齊齊包在一方香手絹裏，共有十七封，每隔幾個星期就可以拆開其中的一封。信裏愛珍交代了要按季節換衣服，以及如何根據孩子的發育補充營養等等。

當孩子想媽媽想得厲害的時候，愛珍溫柔的叮嚀和愛語往往能使雯雯安安靜靜地坐上半小時。逐漸地，志偉和孩子一樣產生了幻覺，感到妻子果真是在美國，並且習慣了等候她的下一封來信。

第九封信裏，愛珍勸志偉考慮為雯雯找一個新媽媽，一個能夠代替她的人。「你再結一次婚，我也還是你的妻子。」她寫道。

一年之後，有人介紹志偉認識了現在的妻子雅麗。她在氣質和相貌上都與愛珍有相似之處。志偉和她談了雯雯的情況，還有她母親的遺願。

「我試試看，」雅麗說：「你領我去見見孩子，看她會否喜歡我。」

四月底，志偉給雯雯唸了她媽媽寫來的最後一封信。「親愛的小寶貝：告訴你一個好消息，媽媽在美國的差事已經辦完了，就要回國了，這麼長時間了，你還能認出媽媽嗎？」……

一個陽光明媚的星期日，志偉陪着雅麗回到家裏。

「雯雯，」此刻他能感覺到自己聲調的顫抖，「還不快過來看看是不是媽媽回來了？」

雯雯呆呆地盯着雅麗，有點猶豫。雅麗抱住了雯雯：「好孩子，不認得媽媽了？」

已三歲的雯雯臉上的表情瞬息萬變，由驚愕轉向疑慮，志偉緊張地注視着這一幕。接着……孩子丟下玩具，放聲大哭，她用小手拼命地捶打着雅麗的肩膀，終於喊出聲來：「你為什麼那麼久才回來！」

雅麗把她緊緊地抱在懷裏，看了看志偉，眼睛裏充滿了淚水。

「寶貝兒……」她親着孩子的面頰說，「媽媽再也不走了。」

這一切幾乎都是孩子的母親一年半前掙扎在病床上為親人細心地安排的。

它告訴我們：什麼叫「遺愛人間」。生有涯，親情與愛卻是無涯無盡的。

一個母親的祈願

陳先生這幾天在吃飯時喉部常常有火辣辣的痛感。在母親的反覆催促下，妻子陪他到附近的衛生院裏做了一次檢查。檢查結果讓他目瞪口呆，醫生稱他患上了致命的「喉癌」。當時他眼前一黑，萬念俱灰。他神情恍惚地回到家，勉強打起精神對母親稱沒有什麼大事。在判處死刑緩期執行的日子裏，他躺在床上無奈又無聊地打發日子。

儘管他把病情對母親守口如瓶，可時間不長母親還是知道了真相。年近八十的老母親抱着他哭啞了嗓子……唉，眼看着白髮人要送黑髮人了。

從那以後，每天晚上母親都跪在她供奉的菩薩面前為他祈禱。見此，他滴血的心頭像撒了把鹽。那天，他躺在床上發呆，兩眼紅腫的妻子來到床前，吞吞吐吐地對他講母親這幾天不吃不喝好像患病了。他一聽就急了，來到母親面前提出要陪她去醫院看病。她聽後連擺手拒絕。他明白，她不忍再給已負債累累的家庭增加經濟負擔。夜裏，他向妻子提出了要陪母親去大城市裏的醫院看病，有生之年再盡最後一次孝的要求，妻子含淚點頭。第二天早晨，妻子謊稱去市立醫院給他看病，想讓母親陪着一塊兒去幫忙照料，母親果然中計。到醫院後，怕母親看出什麼破綻，他硬着頭皮先做了一次檢查，才哄着母親做了一次細緻的體檢。

下午檢查結果都出來了，他抓過來一看驚呆了：他患的是咽炎而不是喉癌，母親卻患有胃癌。母親知道化驗結果後，跪在醫院的院子裏老淚橫流：「謝謝菩薩成全……」見母親在地上長跪不起，妻子抽泣着對他說：「自從你病後，媽每天晚上都向菩薩祈禱，希望把你的病轉到她身上去……」她從口袋裏掏出一把黃紙條：「你看這些都是母親讓我寫好供她焚燒的。」他抓過那紙條展開一看，黃紙紅字格外醒目：菩薩顯顯靈，母命換子命。

老母親做的，就如「父母恩重難報經」上說的：「子苦願代受，兒勞母不安」，真的是「慈母恩深如海洋」啊。

母親的謊話

兒時，家裏窮。吃飯時，飯常常不夠吃，母親就把自己碗裏的飯分給孩子吃。母親說：孩子們，快吃吧，我不餓。

男孩漸長大的時候，勤勞的母親常用周日休息時間去縣郊農村河溝裏撈些魚來給孩子們補鈣。孩子們吃魚的時候，母親就在一旁啃魚骨頭。男孩心疼，就把自己碗裏的魚肉夾到母親碗裏，請母親吃魚肉。母親不吃，又用筷子把魚肉夾回男孩的碗裏。母親說：孩子，快吃吧，我不愛吃魚。

上初中了，為了繳交學費，當縫紉工的母親就去鄰近的火柴廠領些火柴盒拿回家來，晚上糊了掙點零錢補貼家用。半夜醒來，看到母親還躬着身子在油燈下糊火柴盒。男孩說：母親，睡吧，明早您還要上班呢。母親笑笑，說：孩子，快睡吧，我不睏。

高考那年，母親請了假送男孩參加高考。時逢盛夏，烈日當頭，固執的母親在烈日下一站就是幾個小時。考試結束的鈴聲響了，母親迎上去遞過一杯剛泡好的人蔘茶叮囑孩子喝。望着母親乾裂的嘴唇和滿頭的汗珠，男孩將手中的茶遞過去讓母親喝。母親說：孩子，快喝吧，我不渴。

父親病逝之後，母親又當爹又當娘，靠着自己在縫紉店那點微薄收入含辛茹苦地養活了幾個孩子，供他們唸書。街口電線杆下修理手表的李叔叔知道後，大事小事就找借口過來幫忙，搬搬煤、挑挑水，送些錢糧來幫補男孩的家裏。人非草木，孰能無情。左鄰右舍對此看在眼裏，記在心裏，都勸母親再嫁，何必苦了自己。然而母親多年來卻守身如玉，始終不嫁，別人再勸，母親也斷然不聽。母親說：我不愛。

孩子們大學畢業做事後，已退休的母親就在附近菜市場擺了個小攤維持生活。身在外地工作的孩子們知道後就常常寄錢回來補貼母親，母親堅決不要，並將錢退了回去。母親說：我有錢。

男孩留校任教兩年，後又考取了美國一所名牌大學的博士研究生，畢業後留在美國一家科研機構工作，待遇相當豐厚，條件好了，身在異國的男孩想把母親接來享享清福卻被老人回絕了。母親說：我不習慣。

晚年，母親患了胃癌，住進了醫院，遠在大西洋彼岸的男孩乘飛機趕回來時，手術後的母親已是奄奄一息了。母親老了，望着被病魔折磨得死去活來的母親，男孩悲痛欲絕，黯然淚下。母親卻說：孩子，別哭，我不疼。

說完，在「謊話」中度過了一生的母親，終於閉上了眼睛。

在我們日常生活中，有些「真話」有時也能傷人，甚至把人們拋入痛苦的深淵；一句基於親情或善意的「謊言」，亦可以催生出美麗的生命之花。

守夜

傍晚，一位年輕的海軍士兵匆匆來到洛杉磯市郊的一家醫院。護士領着他來到加護病房的一張病床前。

「你的兒子來看你了。」護士對老人說。

老人似乎沒有聽見。護士又說了好幾遍，老人的眼睛才微微睜開。這是因為他被注射了有麻醉作用的嗎啡之故。

老人迷迷糊糊地看到一位年輕的海軍士兵站在床邊，於是伸出了一隻手。

士兵連忙握住了老人那乾枯瘦弱的手，用無聲的語言傳達着安慰的訊息。

護士給他搬來了一張椅子，讓他坐在床邊。他就這樣握着老人的手，整夜安靜地陪伴着，不時給老人說些鼓勵和安慰的話。

護士也曾多次建議他休息一下，但每次他都婉拒了，繼續坐在床邊，讓老人握着自己的手。

天快亮了，老人安詳地走了。士兵這才放下老人的手，走去通知護士。

護士做完處理工作後，囑咐他要節哀順變、保重。

士兵這才輕聲解釋：「我其實不是這位病人的兒子。」

護士吃了一驚，問道：「那你剛才見到他時為什麼不說呢？」

「昨天下午，我剛好在軍營裏值班，醫院緊急來電話，要找病人的兒子，說是病人已危在旦夕，處於彌留之際了。他兒子服役的艦隻日前開走了。我於是打算過來看看是否能幫上忙。來到醫院後，見到病人已經認不出自己的兒子了，所以我決定留下來陪他，讓他安心走完最後一程。」

活在當下，就是做好當下該做的事。對這位士兵來說，陪伴老人正是那個當下最應該做的事。

這讓我們想起了弘一法師。有一回，作家夏丏尊前往去看望遊方中的弘一法師。法師住在簡陋的小旅館裏，所用的衣物和毛巾都已十分破舊。夏丏尊自然很關切地一再追問，可弘一法師的回應卻是：

小旅館「很好！臭蟲也不多，不過兩三隻。」

破手巾「還好用的，和新的也差不多。」

菜「鹹的也有鹹的味道，也好的！」

下雨「不要緊，我有木屐呢。每日走些路，也是一種很好的運動。」

夏丏尊的結論是：對弘一法師來講，世間一切都好。無論是簡陋的小旅館、或是破舊的毛巾、或是苦鹹的菜、或是雨中走路，無一不好。法師早已從這些生活的瑣事中解脫出來，心底一片清涼。

學會「耐煩」

夏日的一個黃昏，劉太太正在廚房忙忙碌碌炒菜煮飯。劉先生在旁幫點小忙，準備碗筷。驀然間劉先生朝窗外望了一眼，接着有點驚喜地對劉太太說：「你來看看，快來看看，晚霞好美啊！」

劉太太聽了，頗不耐煩地回應：「你難道看不見我正在忙着嗎？那會有空管這些閒事？」

劉太太的語氣好像有點責怪的味道。劉先生也就有點自討沒趣地走開了。過了片刻，劉太太反思了一下，覺得自己剛才的態度不太好，便走過去問劉先生要她看什麼？

劉先生只好說：「剛才幾分鐘前，滿天都是嫣紅的晚霞，漂亮極了，可現在已經沒有了。」

劉太太隨他指的方向往窗外看，一片昏黃的夕照將天空染成了暗黃的，實在沒有什麼特別吸引人的地方，便回頭忙自己的事去了。

幾天後的一個清晨，劉太太起床準備早餐。她如常地拉開窗簾，打開窗，突然看到滿天都是層次分明的朝霞，一層淡紫、一層粉紅，邊緣還鑲着淡淡的金光，迤邐到天邊才漸漸淡去。

面對着這天然的神奇畫面，劉太太心間有一份觸動，本想和丈夫一起分享這一份觸動和美好的感覺，但大清早她不想打擾他睡覺，只好等一回再說。

結果剛轉個身，再回頭來看時，天空的景色已經完全改觀了。剛才的美景已不復見了，真是無常。現在即使喚醒劉先生，也來不及欣賞大自然那神奇的美景了。

劉太太若有所失，悵然地離開了那扇窗子。就在那一剎那間，她想起了幾天前丈夫要她看窗外晚霞，卻因自己的不耐煩，錯過了稍瞬即逝的美景，想到丈夫當時的心情必定是像現時的自己一樣悵然若失吧！再想到自己當時的不耐煩，心底油然而生起一份歉意、悔意。

現代人生活較忙碌；日常工作的壓力也不少，難免讓人有時感到心煩或不耐煩。劉太太記得法師曾告訴她：佛教的修行能幫助我們管好自己的心，讓心靜下來，安住在慈悲與般若之中。這樣一來，就能減少焦躁或不耐煩的感覺。誠如星雲大師所言，「唯有耐煩有恆，修行才能有所成就。」菩薩能面對外在紛亂擾攘的環境而一心不亂，清靜專一，不帶着情緒或脾氣去做事，就好比如一隻棲息在瀑布旁邊的雀鳥，儘管面對外面永無歇息的嘈雜環境，仍能安然自在地生活，不致心隨境轉。

後記

二十一世紀的人類社會，科技一日千里，物質生活越來越豐盛；但競爭也越來越激烈，壓力和煩惱着實不少。我們現在的大學教育，偏重於專業知識的傳授；人的心靈教育着墨越來越少。毫無疑問，專業知識有助於我們的事業發展，是絕對需要的。但我們同時也需要一點人生智慧，來幫助自己更好地面對種種的壓力和煩惱。有些朋友可能會去鑽研哲理，以便得到這些人生智慧。至於眾多生活忙碌、無暇鑽研哲理的朋友們，有時一句話，或是生活中的一個小片斷，偶爾亦會帶出一點道理，甚至讓人有所反思，有所感悟或啟迪，由此得到一些有用的人生智慧。這冊小故事書，就是希望通過一些生活的小片斷，讓我們有所反思和感悟，從而得到點滴的人生智慧。果如是，或許我們能在物質生活和精神生活之間（即「物」與「心」之間）取得一個更好的平衡，讓自己也生活得更快樂、更自在一點。

這本集子的生活片斷，源自作者在《溫暖人間》雙週刊的一個專欄。感恩《溫暖人間》創辦人吳兆標先生、馬慧儀女士賢伉儷及陳雪梅主編多年的厚愛。《溫暖人間》過去二十年來為社會帶來不少的正能量和關愛，真真正正踐行了「送暖人間」，並且卓有成效。

集子能夠順利出版，離不開香港中華書局黎耀強先生及團隊的辛勞和悉心安排。

萬分感謝香港佛教聯合會會長、西方寺住持寬運大和尚賜序，令拙作生色不少。

我的同事高敏儀小姐為集子文稿的整理付出了大量的時間和心力，實在五內感銘。

多年來，作者有幸完成若干冊拙著（包括小故事書系列）的出版，端賴楊婉文女士的高效打印和鼎力襄助，實在無量感恩。

作者

二〇二二年五月

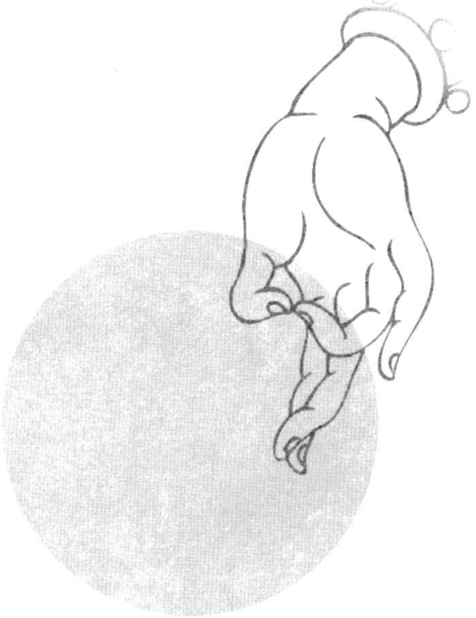

送暖人間

——溫暖人間小故事選——

李焯芬 —— 著

責任編輯 郭子晴
裝幀設計 Sands Design Workshop
排　　版 Sands Design Workshop
印　　務 林佳年

出版 中華書局（香港）有限公司
香港北角英皇道 499 號北角工業大廈 1 樓 B
電話：（852）2137 2338
傳真：（852）2713 8202
電子郵件：info@chunghwabook.com.hk
網址：http://www.chunghwabook.com.hk

發行 香港聯合書刊物流有限公司
香港新界荃灣德士古道 220-248 號荃灣工業中心 16 樓
電話：（852）2150 2100
傳真：（852）2407 3062
電子郵件：info@suplogistics.com.hk

印刷 美雅印刷製本有限公司
香港觀塘榮業街 6 號海濱工業大廈 4 樓 A 室

版次 2022 年 6 月初版
2023 年 8 月第二次印刷

© 2022 2023 中華書局（香港）有限公司

規格 32 開（200mm × 150mm）

ISBN 978-988-8807-80-2

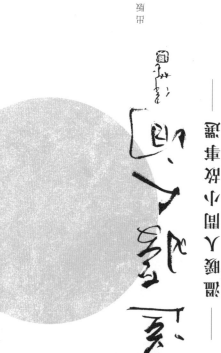